教科書には載せられない

歴史のタブー

歴史ミステリー研究会編

彩図社

はじめに

世界には、けっして触れてはならない〝歴史のタブー〟が存在する。あまりにも残酷なために、とても詳しく書けないような事件や慣習、いわくつきの場所などが、世界の歴史の中には数多くあるのだ。そんな、教科書には載せられないような歴史のタブーを〝証拠写真〟とともに取り上げたのが本書である。

ユダヤ人を大量虐殺し、たった1人で世界を恐怖におとしいれたヒトラーのような人物がいたかと思えば、レーニンとスターリンは2人がかりで、少なくとも100万人以上の命を奪っている。

ほかにも、拷問などによって国民の5人に1人を殺したポル・ポト、人間を串刺しにするのが大好きだったヴラド・ツェペシュなど、歴史に影を落とす人物の蛮行の数々は身の毛もよだつものばかりだ。

その一方で、暗い歴史を秘めた場所も多い。

たとえばオーストラリア大陸は、白人が移民を制限し、もともとの住民であるアボリジニの人口を10分の1にまで減らしたために、今ではまるで最初から白人の大陸のようになっている。いわば、大陸そのものにタブーが存在するのだ。

日本の瀬戸内海にある大久野島は、戦争中に地図から消え「存在しない島」になっていた。その理由は本文に譲るが、いまだ残る痕跡は歴史の暗部をまざまざと私たちに突きつける。

パリのコンコルド広場も、今でこそ市民や観光客でにぎわっているが、かつては1343人もの首が切り落とされた「ギロチン広場」だった過去を持っているのだ。

また、多くの人々が集団になってタブーをつくるケースもある。現在も地下で活動し続けている黒人差別団体KKKや、世界中の情報を握るアメリカの組織NSAなど、人々の身の安全をおびやかすような危険な集団は、枚挙にいとまがない。

こうしてみると、ほんのひと握りの人間や集団が罪もない人々の自由を奪い、人命を虫けらのように奪ってきたことがわかる。

もちろん、これらの〝タブー〟は今もなお、地球のあちらこちらに現存している。本書を読んでいただければそんな人間の無慈悲さを痛感していただけるはずだ。

2019年6月

歴史ミステリー研究会

教科書には載せられない　歴史のタブー　もくじ

1章　タブーとともに語り継がれる人物

3章 タブー抜きには語れない場所

4章　タブーになった事件現場

1章 タブーとともに語り継がれる人物

ユダヤ人の絶滅を企んだヒトラー

歴史上類をみない大量虐殺

世界史は苦手だという人でも、アドルフ・ヒトラーという名前を知らない人はいないだろう。第二次世界大戦を引き起こした張本人であり、ナチスの総統として君臨した独裁者だ。

とりわけ、ヒトラーの残虐性を示しているのがユダヤ人の迫害だ。ドイツ国内から非アーリア系の民族、すなわちユダヤ人を抹殺しようとしたのである。

当初、国内からの追放だった措置はしだいに過激さを増していき、ついには20世紀最大のジェノサイドといわれるほどのホロコースト——ユダヤ人の大量殺戮を招いた。歴史をひも解いても、ひとつの民族がこれほど大量に、かつ組織的に殺害されたという例はほかに類をみない。

党員の行進にナチス式敬礼で応えるヒトラー

1日に何千人もがガス室に送られる

まず、ユダヤ人はゲットーと呼ばれる居住区や強制収容所に集められた。財産を没収され、まともな食料も配給されず、暖房器具もない。衛生状態も悪く、飢えや病気で死んでいく者も多かった。

さらに、ドイツが侵攻した地で暮らすユダヤ人も強制収容所へ連行されたほか、多数の者がその場で殺害された。たとえば、ソ連では半年で50～80万人もが処刑されたという。

また、現地の人間を使ってユダヤ人を襲撃させたり、撲殺させたりすることも行われた。強制収容所のユダヤ人はわずかな食べ物を与えられただけで長時間働かされ、ボロ雑巾のように使い捨てられていく。

そして、膨大な数のユダヤ人を手っ取り早く処理するために、「絶滅収容所」が考え出された。収容所とは名ばかりで、人間の抹殺だけを目的とした施設である。

最初に作られたのはアウシュヴィッツ収容所だ。ここでは特別仕様のトラックにユダヤ人を乗せ、ガスで殺すという方法がとられた。

しかも、この遺体を処理するのは同胞であるユダヤ人強制労働者だ。トラックから放り出された遺体の中に妻や子の姿を見つけ、自分も殺してくれと懇願した労働者もいた。このような苦しみに耐えられず、精神を病んだり自殺する者もいたという。

その後作られた収容所のマイダネク、ベウジェッツ、ソビブルでは、シャワー室に偽装したガス室が作られた。これらの収容所では175万人もが犠牲になったとされている。

最大級の収容所であるアウシュヴィッツでは、青酸ガスのツィクロンBが用いられた。もともと殺虫剤として使われていたものを、殺人用へと転用したのである。

さらに、ここでは医療や科学のためと称して、おぞましい人体実験も繰り返されていた。

アウシュヴィッツの犠牲者の数にはさまざまな説があるものの、およそ110万人が虐殺、飢餓、病気などで死亡したとみられている。

いまだ終わらない真相の追及

敗戦が色濃くなった頃、ユダヤ人は収容所を移動させられた。衰弱して倒れた者は容赦なく射殺され、目的地にたどり着けた者は少なかったという。この死の行軍の中には、あのアンネ・フランクも含まれていた。

こうした残虐な行いに対して、軍部の中でヒトラー暗殺計画が練られたり、ユダヤ人を救出する動きもあった。だが、国防軍の活動で救われたユダヤ人はわずか100人ほどだったという。

戦後、ナチスの戦犯たちは裁判にかけられ、相応の刑を受けている。だが、首謀者であるヒトラーは自殺しており、裁きにかけることはできなかった。

狂気の独裁者が行ったホロコーストは、まだ研究の途上にある。すべてが解明されたとき初めて、ユダヤ人の魂もやすらかに眠ることができるのかもしれない。

古い文化を「革命」で抹殺した毛沢東

国をあげた暴力行為

毛沢東《もうたくとう》は、1949年に中華人民共和国を建国し、中国共産党を創立した、いわば現在の中国を作った人物と言える。その毛沢東と切っても切り離せないできごとといえば、「文化大革命」である。

字面だけをみると、芸術や文芸を推奨する文化的な運動に思えるが、実際はまったく逆だ。古い文化を打ち壊し、多くの人々を抹殺した大粛清だったのである。

中国では大躍進運動に失敗したあと、劉少奇《りゅうしょうき》が国家主席となり、経済の復興を目指していた。だが、毛沢東は依然として党主席の座は譲らず、再びすべてを掌握する機会を狙っていたのである。

中国を共産主義によって強大な国家に仕立てることを望んでいた毛沢東にとって、

人々の中心に立って進む毛沢東

劉少奇ら実権派の政策は手ぬるく見えたのだろう。ことあるごとに彼らが資本主義の復活を目論《もくろ》んでいると非難した。その一方で、国民全員に「毛沢東語録」を携帯させるなど毛沢東個人への崇拝を強化していく。

こうして、文化大革命ののろしが上がったのは1966年のことだ。

まず、尖兵《せんぺい》として選ばれたのが過激な思想に反応しやすい10代の若者たちだった。彼らは紅衛兵《こうえいへい》と呼ばれる組織を結成していった。

若者たちは「教師はブルジョワ思想にかぶれており、試験で生徒を迫害している」と教え込まれ、教師をターゲットにして抗議活動を展開していった。

その行動はしだいにエスカレートし、教師

に殴る・蹴るの暴行を加え、女性教師を凌辱《りょうじょく》したのである。

さらに、ある学校では校長が群衆の前に引きずり出されて暴行を受けたあげく、死亡する事件まで起こっている。これらの暴行は、やがて生徒同士の間にも広まっていった。

しかし、毛沢東はこうした行動を抑えるどころか、奨励していたのだ。まさに、国家によって暴力行為のお墨付きが与えられていたわけである。

そして8月、共産党の総会で文化大革命の骨子が決定される。その主な内容は、実権派の排除と新しい文化の創造、旧文化の改革などである。

このとき、劉少奇は降格され、代わりに毛沢東の腹心で軍人の林彪《りんぴょう》が抜擢された。毛沢東は天安門の上に立ち、人々に文化大革命の号令を発したのである。

これにより、旧文化の担い手である作家や芸術家などが迫害の標的になる。彼らは暴行を受け、書物、絵画、骨董品などが打ち壊され、そして焼き尽くされた。一般市民の家々にも紅衛兵は踏み込み、旧文化に関するものを破壊していく。わずかに残された絵画や書物はみな毛沢東を讃《たた》えるものばかりで、政治的な宣伝の道具にすぎなかった。

しかも、押収対象は現金や宝飾品にまでおよんだ。これらの品々は高級幹部たちが、自分の懐《ふところ》に入れたものも少なくない。そもそも毛沢東の何千冊という蔵書もこれら押収品からなっているのだ。こうして、人々の間には恐怖心が植えつけられていき、毛沢東に反抗する気持ちを萎えさせていったのである。

次に毛沢東がとりかかったのが幹部の粛清だ。捕まった幹部は人々から糾弾を受け、拷問された。衆人環視の中でこのような残虐行為が繰り返されたのである。

毛沢東の死でやっと終わった粛清

文化大革命が始まってから、毛沢東が死去するまで粛清は続けられた。この間に死亡した人の数は３００万人にものぼるという。

自分の意のままに動く国家を創り上げるためには、どんな手段を用いることも辞さなかった毛沢東だが、文化大革命はその彼の死でようやく収まりをみせた。

しかし、文化大革命によって中国全土は混乱に陥り、経済も文化も停滞するという結果になったのである。

ロシアを絶望させた2人の独裁者

害虫のように民衆を駆除するレーニン

ロシアの歴史を語るうえで欠かすことのできない存在といえば、レーニンとスターリンである。

政治の頂点に立ち、存命中は人々の崇拝も集めたが、その素顔は血塗られた独裁者そのものだ。ふたりの政権下では、何千万という人々がいわれのない罪を着せられ、粛清されていったのである。

ロシア革命後、民衆は自由を手にすることができると信じていた。ところが、実際は皇帝からレーニンへと独裁者の首がすげ変わっただけだったのだ。レーニンの搾取《さくしゅ》に怒った人々は抗議の声を上げ、ソ連はついに内乱状態に突入する。

両者の戦いは激烈を極め、ときには一村まるごと焼き払われることもあったという。

レーニン（左）とスターリン（右）

こうした抵抗に対して、レーニンは赤色恐怖政治を断行していく。

人々を解放するために立ち上がったという建前のもとに、残虐な暴行や殺人を繰り返したのである。

たとえば、人々は令状などないままに逮捕された。そして、焼き印を押される、身体の皮をはがされる、零下の戸外に裸で放り出されたところに水をかけられ氷づけにされるなどの拷問が日常的に行われたのである。

レーニンは自分に刃向かう者を「害虫」と呼んだというが、まさに虫けらのように多くの命が奪われたのだ。

１９１８～２２年にかけて、１０００万人もが犠牲になったとみられている。

さらに過激なスターリンの大粛清

レーニンの死後も民衆に安らぎは訪れなかった。権力闘争を勝ち抜いて登場したのは、レーニンに勝るとも劣らない独裁者のスターリンだったのである。スターリンもまた同じように大粛清を実行した。その粛清は共産党員だったキーロフの暗殺をきっかけに始まっている。

スターリンはこの暗殺に荷担したとして54人の元共産党員を公開裁判にかける。告発された内容はどれもでっちあげだが、彼らは精神的に痛めつけられていった。

とくに家族に危害を加えると脅されれば、うその自白をしないわけにはいかなかったのだ。これを皮切りに、スターリンの粛清の嵐が吹き荒れることになる。共産党員や党幹部までもが容赦なく断罪され、１９３４年には党の代議士１９９６人中、なんと１１０８人もが処刑された。さらには、秘密警察、そして軍へと粛清の手はおよぶ。

残された関係者に復讐されることを恐れたスターリンは、その家族や友人まで逮捕した。自分が粛清の対象になるかもしれないという恐怖で自殺した者もいたという。

この粛清で秘密警察では３０００人が死亡し、軍に至っては第二次世界大戦中よりも多くの者が命を落としている。

少なくとも100万人が死ぬ

しかし、これで終わりではなかった。のちに「大テロル」と呼ばれる一般国民への粛清が始まったのである。これは民衆の中に密告者を紛れ込ませるという方法がとられた。人々は疑心暗鬼になり、自分の身を守るために他人を誹謗中傷するようになる。密告者には報酬も与えられたので、この傾向はますますエスカレートしていったのだ。

このときの犠牲者の数はいまだに確定されていないものの、少なくとも100万人が銃殺されるか拷問によって死亡し、それより多くの者が収容所へ送られて強制労働に就かされたとみられている。

スターリンの悪事は彼の死後、フルシチョフによって明らかにされたのをきっかけに、しだいに国内外に知れ渡るようになった。そのため、少しずつ非スターリン化の動きが進み、銅像やスターリンの名前をつけた街や道路は改名されていくことになったのである。

5人に1人を死なせたポル・ポト

入ったら二度と出られない建物

カンボジアと聞いてすぐに思い浮かぶのは、アンコールワットなどの遺跡群かもしれない。こんもりとした森に囲まれた巨大な遺跡群は、多くの観光客を魅了する場所だ。しかし、カンボジアでは、ほんの40数年前、ポル・ポト率いるクメール・ルージュが悪夢のような残虐行為を繰り広げていたのである。

ベトナム軍によってポル・ポト政権が打倒されたのは1979年。このとき軍に同行していた2人のカメラマンがひとつの建物を発見する。

生ぐさい臭いが漂ってくる建物の中に踏み込んだ彼らは、最初の部屋で殺されて間もない14人の遺体に出くわした。のどを切り裂かれている者や鎖につながれている者もおり、床に落ちた血はまだ乾ききっていなかったという。さらに詳しく調べると、

ポル・ポト（写真提供：AFP＝時事）

拷問器具、膨大な文書や写真、その他多数の遺体などが見つかった。
この建物は「S21（現在はトゥール・スレンと呼ばれている）」という暗号名で呼ばれる、政治犯を尋問するための秘密施設だったのだ。ただ、ここに収容された者の大半は、政治犯などではなかったと推測されている。
はっきりしたことがわかっていないのは、S21が一度入ったら二度と出てこられない場所だったからだ。
残された文書から、少なくとも1万4000人が収容されていたとみられるが、生還が確認されているのはたった7人だけなのである。

人々を強制的に移住させる

1975年、ポル・ポトは腐敗しきっていた当時の政権を打倒し、首都プノンペンを掌握する。当初、民衆はポル・ポトに期待を寄せたものの、彼らを待ち受けていたのは地獄のような日々だった。

原始共産主義を目標とするポル・ポトは、自給自足こそがあるべき姿だとして、都市の人々を強制的に農村へと移住させる。病人も老人も徒歩しか認められず、炎天下で長時間歩かされ続け力尽きる者もいた。

この強行軍で2万人以上が命を落としたともいわれるが、これは悲劇の序章にすぎなかった。その翌年からS21が稼働し始めるのである。

まず粛清のターゲットにされたのは、前政権に関わる者たちだった。旧体制に侵されている者を矯正することは不可能だとして、彼らは次々に処刑された。

そして、常に反革命分子が生まれているという考えにとらわれたポル・ポト政権は、粛清の手を一般民衆にまで広げていくのである。

5人に1人が犠牲になる

S21には膨大な供述調書が残されている。しかし、大多数はわけもわからず連れて来られ、拷問に耐えかねて無実の罪を自白したようだ。ここに連行された時点ですでに死刑宣告を受けたも同然だが、自白をするまでは死なないようにじわじわと責め続けられた。本当に重要な政治犯以外は、数日から数週間で死刑になった。

そして、その大部分の処刑場となったのが、各地に作られたキリング・フィールドだ。彼らは後頭部を殴られたあとのどを掻き切られ、穴に落とされて埋められた。キリング・フィールドにはまだ埋まったままの遺体もあるという。

こうしてポル・ポト政権下で犠牲になったカンボジア人の数は、150万〜200万人とみられている。およそ5人に1人の割合で国民が死亡した計算だ。これがわずか4年間で行われたのである。

S21は、現在はトゥール・スレン虐殺犯罪博物館として公開されている。もちろん遺体も血痕も残されてはいないが、窓にはめられた鉄格子、スプリングのゆがんだベッド、囚人の写真などが、ここが尋問センターだったことを如実に物語っている。

住民の半分を殺したイヴァン雷帝

残酷な皇帝が思いついた「懲罰」

ロシアの北西に位置するノヴゴロドは、ロシア最古の都市である。バルト海と地中海を結ぶ交通の要衝として発展した都市国家だったが、その後モスクワ大公国に併合された。町には、公国時代の11世紀に建設された聖ソフィア聖堂やクレムリン（城塞）など中世ロシアの貴重な建築物が立ち並び、古都の雰囲気が漂う。

イヴァン雷帝がなぜこの静かな古都に大軍を率いて現れたのか――。

それは、この町全体を「懲罰」しようと思いたったからにほかならない。

イヴァン雷帝は異常なほど拷問や処刑を好んだことで知られる。彼は人々が拷問されて苦しむ姿を興奮しながら観察し、処刑者の血を見ては狂喜して雄叫《おたけ》びをあげたという。そのため自分の意に反する者は次々と残忍な方法で拷問にかけ、処刑していっ

イヴァン雷帝。あまりの残虐さのために、「雷帝」のあだ名をつけられた。

たくらいだ。

しかし、それでもイヴァン雷帝の血を求める欲求は満たされることがなかった。

そんなときにもたらされたのが、ノヴゴロドがモスクワを裏切り、敵であるリトアニア・ポーランド側に寝返る陰謀を企んでいるという密告だった。

「ノヴゴロドを懲罰する！」

イヴァン雷帝はさっそく1万5000の軍を率いて、ノヴゴロドへと突き進んでいったのである。このとき、イヴァン雷帝の軍が通過した町や村は、略奪と破壊の限りを尽くされた。イヴァン雷帝は進軍の情報がノヴゴロドに漏れ伝わらないように、口封じのため進路にあたった家々を焼き尽くし、人々を惨殺しながら進軍していったのだ。彼らが通ったあとに残されたのは累々と山積みになった死骸だけだった。

6週間吹き荒れた処刑の嵐

ノヴゴロドに入城したイヴァン雷帝は、まず大主教や市民代表らを捕縛。次いで聖職者や有力市民、官吏、商人ら陰謀に荷担したとされる者たちとその妻子を捕まえて、城外の野営地へと連行していった。

そこで人々が見たのはおぞましい拷問道具の数々だった。そして、彼らにはすぐにあらゆる種類の残忍な拷問が開始されたのである。無実を訴える人々に対して、イヴァン雷帝の軍は容赦なく鞭で肌を切り裂き、ぐつぐつと煮えたぎる鍋の湯をかけ、火であぶり、舌を抜き、鼻を削《そ》ぎ、手足を切り刻んだ。

静かな古都の周辺一帯は一変して阿鼻叫喚の地獄絵図と化した。彼らは血みどろになった体を縄でソリに結ばれ、市中を引き回されたあげくに、氷の浮いた極寒の川に投げ込まれた。彼らの妻子もまた手足を縛られて川に突き落とされた。

その間イヴァン雷帝は快楽すら感じながら、恐怖に顔を引きつらせ痛みに身をよじる人々に見入っていたという。

この拷問と処刑の嵐は6週間もノヴゴロドの町を襲った。犠牲者の数は、記録にない者まで含めると最大で1万5000人近くいたともいわれている。当時のノヴゴロドの人口は3万人に満たなかったというから、じつに人口の半分がイヴァン雷帝によって命を奪われたことになる。

川に投げ込まれ、流された遺体はその先にある湖の底でぶ厚い骨の層になったという。

串刺し王ヴラド・ツェペシュ

人質として過ごした少年時代

「夜な夜な人の生き血をすすり数百年の命を生きる」といえば吸血鬼伝説だが、そのモデルとなった人物が15世紀のルーマニア、ワラキア公国の君主ヴラド3世である。ヴラド・ツェペシュという名で呼ばれる人物だが、「ツェペシュ」とはルーマニア語で「杭刺しにする人」を意味している。ヴラド・ツェペシュはその名の通り、人々を次から次へと串刺しにして殺していったのだ。

串刺しという処刑方法は、当時の軍人たちにとって珍しいものではなかったが、ヴラド・ツェペシュのやり方はまさに血に飢えていた。彼は、犠牲者たちの口や尻から体に串を突き通すのを好んだ。そしてそのまま地面に柱のように立てて並べ、もだえ苦しみながら絶命していく様子を、楽しんで見物したのである。

串刺しにされた人々のそばで食事をするヴラド・ツェペシュ（右）。この木版画以外にも、当時最先端の活版印刷術を用いて彼の非道ぶりを描いたパンフレットが刷られ、悪評が諸国に喧伝された。

ヴラド・ツェペシュによって串刺しにされ殺された者は、全部で数万人にもおよんだとされる。

いったいなぜ、この君主はこのような非道を繰り返し行ったのだろうか。

じつは、14～15世紀、ヨーロッパのバルカン半島周辺に住む民族はみな、オスマン帝国などの大きな国に何度も侵略されていた。ヴラド家の統治するワラキア公国もそんな小国のひとつで、ツェペシュは10代の多くをオスマン宮廷で人質として過ごさなければならなかった。

そしてワラキアに戻ってきたときには父も兄も暗殺され、周囲はいつ裏切るかわからない者ばかりになっていたのである。

監禁の末の戦死

1456年、25歳にしてワラキア君主となったヴラド・ツェペシュは、まず貴族たちを一堂に集めた。そして、父と兄の暗殺に加わったとされる貴族たちをその場で串刺しの刑に処したのである。このとき、血の臭いにいやな顔をしたというだけでツェペシュの怒りを買い、情け容赦なく串刺しにされた貴族もいた。

自国の裏切り者でさえこのありさまだから、宿敵であるオスマン軍の兵士などは問答無用の無残な殺され方だった。ひどいときには、累々と何百メートルも串に刺された遺体の列が続き、鳥や野生の動物たちがそれに群がる光景が広がっていった。

あまりに血なまぐさい地獄絵図に、入国したオスマン軍はその場で引き返すほどだったという。

こうして串刺しによる恐怖政治を行ったヴラド・ツェペシュだが、一時期オスマン軍からの迫害は減り、自国民による商業は発展して国内は安定した。これにより、ルーマニア国内では、他国の侵略から国を守った将軍として評価されてもいるのである。

しかし、ツェペシュの統治はわずか6年間しか続かなかった。

1462年の対トルコ戦争に敗れた後はハンガリー軍によって捕らえられ、独房で12年間も監禁生活を送った。釈放後にはまたワラキア君主の座に返り咲くが、すぐさまオスマン軍との戦いに敗れて戦死してしまった。

遺体は、ルーマニアの孤島に立つ修道院の教会堂の床下に眠っているとされるが、真偽は明らかではない。

美を愛した狂王ルートヴィヒ2世

18歳で即位した美貌の青年王

ドイツのロマンティック街道は、中世の城壁や町並みがそっくり残された絵画のように美しい観光ルートとして知られている。なかでも、人気の城のひとつがノイシュヴァンシュタイン城で、白く高い塔を持ち、ディズニーランドのシンデレラ城のモデルになったほど幻想的な美しさを誇っている。

このノイシュヴァンシュタイン城を築いたのが、ルートヴィヒ2世だ。

彼が生まれたヴィッテルスバッハ家は、バイエルンを支配したドイツの名家で、古くは神聖ローマ帝国の皇帝も輩出している。

1864年3月、ルートヴィヒ2世が18歳で即位したとき、人々はルートヴィヒ2世を熱狂的に迎えた。その大きな理由は、彼の美しさだった。身長191センチメートル。

若き日のルートヴィヒ２世

現代的な八頭身にすっきり通った鼻筋、黒く哀愁を帯びた瞳、黒褐色の巻き毛——。その態度はあくまで毅然として気高く、崇高な精神を秘めていると想像させたのだ。

ところが、ルートヴィヒ2世は政治にはほとんど関心がなかった。

当時、ヨーロッパの王は誰もが、近隣国との間で紛争の種を抱えていたのだが、ルートヴィヒ2世は戦争などという血なまぐさい話には嫌悪感しか持てなかった。

また、形式的な社交なども大嫌いで、どうしても嫌な人間と会わなくてはいけないときは、テーブルの真ん中に花をたくさん活けて、相手の顔も見えない状態にしてしまうのだった。

精神病認定ののち溺死する

そんなルートヴィヒ2世が好んだものは音楽と美である。まず、即位してすぐに音楽家のワーグナーを探し出して呼び寄せた。そして、ワーグナーの負債を肩代わりして、彼の作曲と派手な生活をパトロンとして支え続けたのだ。

ルートヴィヒ2世の情熱のもう一方は、城を作ることに傾けられた。代表作のノイシュヴァンシュタイン城では、城のデザインを建築家ではなく画家に行わせている。

このため、まるで舞台美術のように壁画や天井のモチーフは美しく描かれ、人工の洞窟まである一方で、城としてなくてはならない小聖堂や墓地がなかったり、玉座が後回しになったりしていた。城全部を使ってワーグナーの歌劇の世界を再現したかったというのだ。ルートヴィヒ2世はこの城のほかにも城の建設を進めていたが、ファルケンシュタイン城というさらに壮大な城の建設計画が浮上したとき、この散財から国を守る動きが起こった。

1886年、ルートヴィヒ2世はバイエルンの政府首脳らによって、医師の診断を受けさせられた。そしてその結果、精神病と認定され、廃位を宣告されたのである。

当時、ノイシュヴァンシュタイン城はやっと完成したばかりで、当然ルートヴィヒ2世は抵抗するが、逮捕され、幽閉されてしまう。

湖畔でルートヴィヒの水死体が発見されたのは、その翌日のことだった。「自殺」とされているが、その真実は今も不明である。

なお、彼がたった102日間しか住むことができなかったノイシュヴァンシュタイン城だが、すぐに一般開放され、今も観光の目玉になっている。

マフィア疑惑のあるイタリアの王子

逮捕された王子

サヴォイア家は、11世紀前半の神聖ローマ帝国の時代から史実に残る名家である。長い間フランスやハプスブルク家との攻防を続け、シチリアやサルデーニャなどの土地を治めてきた。トリノに残るサヴォイア家王宮群は世界遺産に登録されているし、イタリアのあちこちの街にはサヴォイア家出身の国王たちにちなんだ「ヴィットーリオ・エマヌエーレ」という名前のついたストリートが存在している。

２００６年６月、そのイタリア王家の直系の跡取りであったヴィットーリオ・エマヌエーレ・ディ・サヴォイアがイタリア捜査当局によって逮捕され、国内は大騒ぎになった。世が世であれば、５代目のイタリア国王となるはずだった人物である。

そんな彼の過去を調べ上げたところ、武器の横流しやマネーロンダリング、賭博、

連行されるヴィットーリオ・エマヌエーレ・ディ・サヴォイア（中央）
（写真提供：EPA＝時事）

売春あっせんなどマフィアがらみの行状が次から次へと出てきたのである。

なんと外国人留学生を撃ち殺したという殺害容疑までもたれたが、これについては証拠不十分で釈放されている。

王族が国外追放になる

そもそも、サヴォイア家のイタリア王室としての歴史はそう長くない。

1861年のイタリア統一で初代国王となったヴィットーリオ・エマヌエーレ2世と2代目のウンベルト1世は、聡明にして勇敢な名君としてイタリア国民の信頼を集めたが、3代目のヴィットーリオ・エマヌエーレ

3世は強権的な君主となり、独裁者ムッソリーニと協力関係にあった。このため、第二次世界大戦が終わるとイタリアは国民投票を行って王制を廃止してしまったのだ。サヴォイア一族は国外追放となり、王位継承権のある男子はイタリア憲法により入国さえ禁じられてしまった。

4代目のウンベルト2世は、1946年の5月から6月中旬までわずか1カ月ほどしか王位につかなかった人で、「五月王」などと呼ばれているのである。五月王の息子である王太子ヴィットーリオ・エマヌエーレ・ディ・サヴォイアは、このとき、たった9歳でスイスに亡命した。

そして、ようやく再び母国の土を踏めたのは2002年のこと。すでに65歳で、王位継承権を放棄していた「悲劇の元プリンス」は、ヨーロッパ中の王室好きたちの間で話題になった。逮捕は、それからわずか4年後のことだったのだ。

完全に消えた王家復活の夢

イタリア国民にとって大ショックだったのは、単に世間知らずな王族がとりまきの悪事に巻き込まれたのではなかったということだった。彼は若い頃から素行の悪さで有名だったからだ。

亡命中はヨーロッパ中の王族・貴族と豪遊しながら、闇社会にも幅をきかせていた。イタリアとスイスの国境近くのカジノを根城にうごめく売春組織の親玉になり、スイスでは脱税疑惑も発覚している。むしろ、彼自身がプリンスの立場を利用してやりたい放題だったといってもいいだろう。

そんなヴィットーリオ・エマヌエーレ・ディ・サヴォィアの腐敗した生活を背後で支えていたのが、国際的な親睦団体でありながら、世界を裏で支配するといわれるフリーメイソンの存在だったということが判明している。

じつは、サヴォィア家が2002年にイタリアへ帰国したとき、国内にはまだ王政を支持する動きもあった。イタリア国民は基本的に王族が大好きなのだ。しかし、5代目のこの悪行により、王政復古は完全になくなってしまった。現在、分家筋にあたるアオスタ家から、王家家長の地位をめぐる裁判を起こされているという。

ヴィットーリオ・エマヌエーレ・ディ・サヴォィアは、1000年にわたって続いた名家の血筋を、素行の悪さで食いつぶしたといえるだろう。

90分で30人を殺した21歳の青年

史上有数の凶悪事件

日本犯罪史上もっとも凶悪な事件のひとつとして知られるのが、1938年に起こった「津山30人殺し」だ。都井睦雄《といむつお》という当時21歳の青年が、わずか90分の間に同じ集落に住む30人もの人間を惨殺した。

事件の舞台となったのは、岡山県の貝尾《かいお》・坂元という集落である。島根県と隣接する岡山県の北部にあり、津山市に接している。

そのため、知名度の高い津山の地名をとって「津山30人殺し」「津山事件」などと呼ばれるようになった。もっともその後、この地域は津山市の一部として編入されている。

都井睦雄（左）
事件が起こった貝尾集落（下）

優秀な青年の不遇と不満の日々

犯人の都井睦雄は幼い頃に両親を亡くし、6歳のときに姉とともにこの集落に住む祖母に引き取られて育った。睦雄は、祖母の体調不良のために小学校の入学が1年遅れ、その後も満足に学校へ行くことができなかったが、それでも成績は優秀で将来が期待される子供だった。

ところがやがて肋膜炎になり、農作業ができなくなると同時に学業からも遠ざかり、10代なかばで無為な生活を送るようになる。

さらに、幼い頃から唯一の理解者であり、親愛の情を示してくれた姉が結婚して家を出たことも、睦雄には大きな出来事だった。

姉がいる間は周囲との人間関係をそこそこに

保っていたが、姉がいなくなると部屋に閉じこもって厭世的な生活を送るようになったのだ。

この頃から睦雄は猟銃などを購入して山で射撃練習をしたり、猟銃を抱えては村を徘徊するなどの行動が目立ち始める。一度は警察によって猟銃は押収され、同時に日本刀や短刀なども取り上げられたが、睦雄はその後も知り合いを通じて再び猟銃や日本刀などを手に入れている。何かしでかすのではないか。そんな不安を周囲が抱くなか、事件が起こったのは1938（昭和13）年5月21日未明のことである。

自殺することで最後の死者となる

睦雄は詰襟の学生服に身を包み、ゲートルと地下足袋で足元を固め、頭には鉢巻をして2本の懐中電灯を鬼の角のように固定した。首からは自転車用のランプをぶら下げたので、正面を明るく照らすことができた。腰には日本刀と匕首《あいくち》を結びつけ、手には改造した9連発ブローニング猟銃を持った。それはまさに鬼気迫る異様な姿だった。

その姿をした睦雄が最初にやったのは、寝ていた祖母の首を斧ではねることだった。

このときすでに事件後に自殺することを決意していた彼は、祖母ひとりが残されることを不憫に思って亡きものにしたのだ。

その後北隣の家に侵入し、そこの主婦の体を日本刀で何度も突き刺し、さらに幼い子供を含む3人を斬殺している。次に侵入した家は一家全滅となった。

このようにして睦雄は、近隣の家を順番に回って殺戮を行っていった。殺戮が終わったとき、犯行が始まってからまだ1時間半しか過ぎていなかった。

襲撃された家は12軒。死亡者30人、重傷者1人、軽傷者2人。合計33人。死亡者のうち5人は15歳以下だった。また、一家全滅となった家が3軒あった。

睦雄は殺戮を終えると、ある一軒の家に入り込み、そこの子供から紙と鉛筆をもらう。そして、それを持って近くの山に入ると最期の遺書を書いた。

「もはや夜明けも近づいた、死にましょう」という言葉で締めくくっている。

遺書を書き終えた睦雄は、猟銃の銃口を自分の胸に押し当て、足の指で引き金を引いて自殺する。この事件で31人目の死者だった。

今日から見ても、わずか90分の間に30人もの犠牲者を出した殺戮はほかに例がない。これは日本の犯罪史上類をみない凶悪な事件だったのだ。

2章
支配や争いの中で生まれたタブー

白人に奪われたオーストラリア大陸

絶対に合格できない移住テスト

ある国に移住したければ、〝書き取りテスト〟を受けて合格点を取らなければならない——。これは現実に行われていたことである。オーストラリアでの話だ。

オーストラリアでは19世紀なかばに金鉱が発見されて、ゴールドラッシュの時代を迎えた。このとき、大量の中国人鉱夫が仕事を求めて移住してきた。

さらに19世紀後半には、太平洋諸島のカナカ族が労働者として大量に流入した。

このままでは移住してきた外国人に仕事を奪われてしまう。そう警戒した白人は、主にアジア系移民の流入を制限する法律を次々と作った。

１９０１年にオーストラリア連邦が成立すると、「移民制限法」という法律が作られ、移住希望者は書き取りテストに合格しなければ移住が許されないという制度ができた

「盗まれた世代」と呼ばれる、白人とアボリジニとの間に生まれた子供たち

のだ。

移住者が使用していない言語を用いたテストが行われたので、ほとんどは不合格になった。

つまり、「合格すれば移住を許可する」というのはあくまでも建て前であって、じつは「誰も移住は許さない」ということを意味していたわけだ。

それは白人以外の人々に対する差別意識を生み出し、白豪主義が始まる以前からすでにオーストラリアに移住していた人々に対しても、雇用や社会保障、選挙権などに関して厳しい制限が設けられていったのだ。

親元から離された子供たち

白豪主義の考え方が内外の批判を受けて弱まってきたのは、ようやく60年代になってからのことだ。75年以降はインドシナ難民を大量に受け入れるなどしており、白豪主義は過去の遺物となりつつある。ところが、オーストラリアにはもうひとつ、ある特定の種族を根絶させるために作られた政策がある。それはアボリジニの隔離政策だ。

1910～70年にかけて、先住民アボリジニの子供たち、とくに白人とアボリジニとの間に生まれた子供を親元から強制的に引き離し、施設に収容するようになったのだ。この政策の犠牲になった子供たちは「盗まれた世代」と呼ばれ、今でもオーストラリアでは深刻なタブーとなっている。

このアボリジニ隔離政策は、「白人こそが優れた人種であり、アボリジニは人間的に劣っている」という間違った優生学思想から生まれたものである。

隔離された子供たちは白人社会で教育を受け、アボリジニの文化についてはまったく知らされない。それどころか、収容された施設で白人から虐待を受けることも珍しくなかった。「盗まれた世代」は全オーストラリアで約5万5000人もいたとされる。

これはアボリジニの子供の３人にひとりに当たる。

政府がアボリジニに謝罪する

ヨーロッパ人がオーストラリア大陸を「発見」したとき、アボリジニの人口は約30万人、およそ700の部族があったといわれる。

しかし、ヨーロッパ人が持ち込んだ病気によって死者が相次いだうえ、スポーツハンティングの標的にされるなどして、急速に人口が減少した。1828年には開拓地に入り込むアボリジニを白人が自由に捕らえて殺害してもいいという法律までできた。アボリジニの人口は当初の約1割まで激減した。そのような状況のなかでとられた隔離政策は、アボリジニを絶滅の危機にさらしたのだ。

じつは2008年、オーストラリア政府は、この隔離政策が誤りだったことを認めて正式に謝罪した。これはオーストラリア白豪主義そのものの誤りを認めたとも受け取ることができる。しかし、現実にその政策の被害を受けた人々はまだ国内に大勢存命しており、それがオーストラリアの深刻な汚点となっているのだ。

ひとつの民族を絶滅させたイギリス

イギリスによる植民地支配

ヨーロッパの覇者となる国は、同時に世界各地に植民地を作って世界の覇者も目指そうとする。19世紀頃から世界の海の覇権を握ったイギリスも、またそうだった。

大英帝国を築くために、イギリスが新たに手に入れたのは、東南アジアのビルマと海峡植民地（後のマレーシア）、香港、そしてオーストラリアとニュージーランドなどである。

しかし、その植民地経営は必ずしもうまくいかなかった。かなり強引なやり方で、現地の人々の反感を買うこともあった。歴史の教科書にも出てくる有名なセポイの反乱も、そんななかで起こった事件だった。

セポイの反乱を鎮圧するイギリス軍

イギリスから逃れるためのインドの戦い

１８５７年、イギリス支配下の北インド軍事基地でセポイたちが反乱を起こした。

セポイとは、当時インドを統治するイギリスの機関だったイギリス東インド会社が雇っていた傭兵《ようへい》のことだ。イスラム教徒とヒンズー教徒が中心で、現地人がほとんどである。

反乱のきっかけは、ひとつの噂だった。新しい銃の弾薬を包む袋に牛や豚の脂が塗られていると誰かが言い出したのだ。

ヒンズー教徒は牛を神聖視し、イスラム教徒は豚を不浄なものとみなす。もし噂が真実ならば、弾薬を取り出すたびに兵士たちは宗教的タブーを犯すことになるわけだ。

もともとセポイたちの間には、インドを支配しているイギリスへの根深い不満があった。イギリスはセポイを海外にまで派兵しようとしていたが、セポイたちにはとんでもない話だった。また、イギリスはインドに強制的に綿製品を売りつけていた。そのために、本来はインドの特産品だった綿産業は壊滅状態だったのだ。

こういったイギリスへの不満に火がつき、ついに大規模な反乱になっていった。戦火はインド全土に広がり、各地でセポイとイギリス軍が衝突した。

しかし、軍隊として指揮のとれていたイギリス軍に比べてセポイ側はあまりにも貧弱だったために、やがてすべて鎮圧されてしまう。そして、この反乱をきっかけにしてインドは、東インド会社が統括する植民地からイギリス国王の直接支配下へと移る。

これに対してインドでは、イギリスからの独立を目指す動きが活発になり、やがて長年にわたるインド独立闘争へとつながっていくのである。

絶滅させられたタスマニア人

一方、イギリスは、オーストラリアでも蛮行を繰り返していた。１８０３年、オーストラリアに入植したイギリス人は、タスマニア島という島で先住民族であるタスマニア人と出会う。

あとからオセアニア大陸にやってきたイギリス人は、原始的な生活を営んでいた温和なタスマニア人を、まるで動物を狩るように銃殺していった。とくに１８３０年に始まった「ブラックライン作戦」は、まさにタスマニア人絶滅作戦だった。

１８０３年には３０００人から４０００人はいたと思われるタスマニア人は、この作戦の決行により１３５人にまで激減してしまう。そしてその生き残りはタスマニア島北東の島に強制移住させられ、無理矢理キリスト教や欧州文化を植えつけられる。

このような蛮行を受けたタスマニア人たちには、もはや民族として生き長らえたいという希望は残っていなかった。

その後タスマニア人は増えることはなく、１８７６年には最後のひとりが死去。こうしてタスマニア人という民族がイギリス人の手によって地上から絶滅させられたのだ。

帝国主義という名のもとに、世界各地で植民地を増やしていったイギリスだが、その進出の陰では、数え切れない惨劇が繰り返されていたのである。

アルメニアの人口を半分にしたトルコ

アルメニア人絶滅の危機

アルメニアは黒海とカスピ海に挟まれた、コーカサス南部に位置する小さな国だ。とはいえ、その発祥は紀元前にまでさかのぼることができるほど古い歴史と伝統を持つ。ソ連の解体により独立国となったが、周囲を大国に囲まれていたため、長い歴史の間には何度も異民族の支配下に置かれてきた。

ところで、ジェノサイドは大量虐殺を意味する言葉だが、まず思い浮かべるのはナチスによるユダヤ人の迫害ではないだろうか。しかし、それに先立つ1915〜23年にかけて、このアルメニアを舞台に大々的な殺戮の悲劇が起こっていたのである。これは20世紀最初のジェノサイドと呼ばれている事件だ。

この時代のアルメニアはオスマン・トルコの勢力下にあった。そして、トルコ人は

1916 年、シリアに逃れたアルメニア人難民

国内からすべてのアルメニア人を排除しようと計画したのだ。

当時、国内にいたとされるアルメニア人は約２５０万人。なんとそのうちの約１５０万人が、虐殺や追放で死んでいったのである。

子供にも女性にも容赦しないトルコ軍

アルメニア人の大半は農村で農業に従事していたが、都市に住むアルメニア人は商業でトルコ人をはるかにしのぐ能力を発揮していた。19世紀末からオスマン・トルコは欧州列強に押されて弱体化しており、そのうっぷんを優秀な他民族をおとしめることで晴らそうとしたのである。

アルメニア人虐殺の第一歩は移送という形で始まった。トルコ側によれば、すでに前年から第一次世界大戦が勃発しており、ロシアと国境を接する地域からの疎開だったというが、これは明らかに言い訳だ。なぜなら、国内のあらゆる場所からアルメニア人が移送されたからである。

最初にターゲットとなったのは、アルメニア人の指導者、教育者、作家、議員だ。彼らは逮捕され、東部や中部のアナトリアに追放されたあと、裁判にかけられたり殺害された。また、多数の男たちも逮捕され、人目につかない場所まで移動したところで、のどを掻き切られたり、銃剣で突かれて殺されている。まずは抵抗勢力になりそうな者から殺害していったのだ。

残された女、子供、老人にも同じように過酷な運命が待っていた。男たちが殺されたことも知らぬまま、彼女たちは街を追放される。街を出たとたんに、凌辱《りょうじょく》され殺された者も多かったという。その他の者は酷暑の中を食料も水もほとんど与えられぬまま、砂漠の中にある収容所まで延々と歩き続けさせられた。

トルコ人の残虐ぶりは、かろうじて助かった者や目撃者がさまざまに証言している。銃殺や剣で切り裂かれるほか、持ち物や衣服をはぎ取られ、川に投げ込まれる。赤ん坊を岩にたたきつけて殺す。子供たちを３０００人も縛りつけて焼き殺す。爪をはがし、歯をへし折り、鼻を削《そ》ぐ。

殺されるよりはましだと、みずから川へ身を投げる者も多かった。こうした例は枚挙にいとまがない。傷つけられた遺体が毎日ユーフラテス川を流れていき、川はその血で赤く染まっていたと伝えられる。

トルコのEU加盟に影響を与える

あまりの惨劇に、長い間アルメニア人もこの現実から目をそらしてきたが、２００５年、世界の各地で犠牲者を追悼する催《もよお》しが行われた。世界各国も、このジェノサイドを承認する動きをみせている。

一方、トルコ政府の言い分によれば犠牲者は80万人で、疎開の最中に暴漢に襲われた結果だという。あくまでもジェノサイドはなかったと主張しているのだ。

トルコは２００５年からEU加盟の交渉を開始したものの、いまだに加盟を認められていない。そこにはジェノサイドを認めない態度も影響しているといえるだろう。

2000年続いた差別・カースト制度

ラブレターを書いたせいで殺された少年

2008年、インドで起きたある残忍な事件は、いまだ世界に差別や身分制度という悪しき慣習が残っているという恐ろしい事実を再認識させた。

その事件とは、15歳の少年が自分よりも上級カーストに属する少女にラブレターを書いたために、相手のカーストに属する人々から逆恨みされ、無残にも虐殺されてしまったというものである。

登校途中に拉致されたその少年は、髪を刈られて車で通りを引き回されたあげく、生きたまま列車の走る線路に投げ込まれている。まるで大罪を犯したかのような残忍な仕打ちである。

犯人グループはすぐに逮捕されたが、その中には事件の一部始終を黙認していたと

低カーストの人々

いう警察官が含まれていたという信じられない報道もあったのだ。

中国に次いで世界第2位となる13億の人口を持つ大国・インド。その闇の部分ともいえるカースト制度の実態とは、はたしてどのようなものなのだろうか。

掟破りには厳しい制裁が加えられる

カースト制度は、紀元前1500年頃からインドに侵入してきたアーリア人が先住民を支配するため、みずからを頂点として作った2000年以上続く身分制度である。

カースト制度はバラモン（僧侶、司祭）、クシャトリヤ（王族・武士）、ヴァイシャ（平民）、シュードラ（隷属民）という4つの階層から構成されるといわれている。

またさらに、この制度に入ることすらできないダリット（不可触民《ふかしょく》）と呼ばれるもっとも差別される人々も存在するため、実際にはインド社会の身分制度は大きく5つに区分されているのだ。

カーストは親から子供へと代々受け継がれ、ほかのカーストとは結婚どころか、一緒に食事をすることすらも禁じられてきた。その掟に背いた者は、厳しい制裁を加えられる。冒頭の虐殺事件が起きてしまったのも、インド社会に根付いたそんな慣習が一因だったのである。

少しずつ改善されていくインド社会

とはいえ、独立後のインドで1950年に制定された憲法はカーストによる差別を禁止しており、カースト制度は緩やかではあるが解体へと進んでいる。

経済の自由化政策によって外国企業のインド参入が活発になったことも、インドの近代化に拍車をかけているのだ。

たとえば、日本の自動車メーカーであるスズキは、世界の主要自動車メーカーがインドで販売競争を繰り広げるなかで、常に首位という圧倒的なシェアを保っている。2018年の世界の新車販売台数で第1位となっているフォルクス・ワーゲングループも、インドでは影をひそめているのだ。

このスズキの成功の原因は、異なるカーストの従業員たちをひとつにまとめたことにある。地元民の冷たい視線のなかで、鈴木修社長みずからが手本を示し、インド滞在時には下層カーストの従業員とともに食事をとるなどの地道な努力を積み重ねたのである。

また、ITなど近年に急速に発達してきた業界には、さすがにカーストの概念も入り込みづらい。つまり、カースト制度の存在が薄いからこそ、インドの人々はこぞって新興ビジネスに参入し、多くの人々が成功していったともいえるのだ。

その一方で、地元企業においては、下層カーストに属する人々が高いポストに就くことは難しいといった話はいまだに聞こえてくる。

幾多の時代を超えてまでも人々を苦しめてきた悪《あ》しき慣習をインド社会から完全に根絶やしにするには、まだまだ時間が必要なのである。

1700万人を餓死させた「大躍進」

でっちあげの報告が招いた地獄

1949年から30年近くにわたって、中国はひとりの人間によって動かされていた。毛沢東《もうたくとう》だ。偉大なる指導者というより、大いなる独裁者という呼び方のほうがふさわしい人物である。

当時は人民のためを思って行動していると主張していたが、彼の考えと人民の意思とはまったくかけ離れていたからである。

毛沢東の指揮の下、1958〜60年にかけて大躍進運動が展開される。ソ連のフルシチョフが「15年以内に主要産物の生産量でアメリカを追い越す」と宣言したのに対抗して、「中国は15年以内に鉄鋼でイギリスを追い越す」とぶち上げたのだ。

そして、この同じ時期、中国では20世紀最大といわれる大飢饉が起きた。餓死者の

労働に参加する大躍進時代の中国の子供

数は正確にはわからないものの、少なく見積もっても1700万人。4000万人にのぼるという説もあるほどだ。
　ちなみに当時の「人民日報」は、2年連続して甚大な自然災害が起きたため、国民経済が深刻な状況に陥ったと伝えているが、これは真実ではない。いくつかの自然災害はあったが、大凶作になるほどのものではなかった。しかも、食料はなかったわけではない。
　それにもかかわらず、なぜ多数の人々が餓死しなければならなかったのかというと、その元凶は毛沢東の政策にあったのである。大躍進運動のせいで農民も鉄鋼の生産に駆り出され、田畑を耕す労働力が減ってしまったのだ。
　作物が実っても、それを収穫する人手も暇もなかったうえ、田畑も家畜も国家に召し上げられて、生産物は配給制になる。いくら豊作になっても、それが自分の懐《ふところ》に入らないとあっては、農民の労働意欲も低下するのは当然だろう。

こうして生産量が減っているのに、役人らは毛沢東に気に入られようとして実際よりも水増しした生産量を報告したのだ。生産高が多ければ、それだけ国に納める作物も増える。帳尻を合わせるために農民は酷使されたが、それだけでは足りずに人民に配給されるはずの食料までが国に回されたのである。

食料を隠していないかどうか、徹底的な〝犯人捜し〟が行われ、絞り取るものがなければ身につけていた衣服まではぎ取られることもあった。

やがて家々の周囲には草木が1本もなくなり、木は丸裸になった。みんな食べ尽くしてしまったのだ。道の至るところには、飢えて死んだ者の遺体が転がっていた。食べ物を盗んで殴り殺された者も少なくない。

父子3人で暮らしていたある家では、娘が家に帰ると弟の姿が見えず、ぎらぎらとした油の浮いた鍋だけが残されていたという。

身の毛がよだつような話だが、これに似たようなことはあちこちで行われていたらしい。あまりのひもじさが人々を狂気へと駆り立てていたのだ。人々にはもう政府に抵抗する力など残っていなかった。正気を失い、死を待つしかなかったのである。

遅すぎた救済策

こうして人民が餓死していくなか、政府には食料がうなるほどあった。じつは、１９５８年と１９５９年の２年間、穀物だけで７００万トンもの量が輸出されていたのだ。それに加えて、肉や卵などほかの食料も輸出していた。これだけあれば、何百万人もの命が救えたはずである。

１９６０年末、ようやく実情を理解した周恩来《しゅうおんらい》の決断によって食料が輸入されることになる。しかし、この決断は遅すぎた。食料が届いた頃には、すでに大量の人々が餓死していたのである。毛沢東は、理想を実現するためには犠牲が出るのもやむを得ないという発言をしていることから、おそらく実情はわかっていたはずである。だが、それを見て見ぬふりをしていたのだろう。

この飢饉は毛沢東の政策による人災だったといえるのかもしれない。

国民の8割が死んだパラグアイ戦争

3カ国を相手に同時に戦う

ブラジル、アルゼンチン、パラグアイ、ウルグアイ――。こんな国名が並ぶと、「サッカーの話？」と思ってしまうかもしれない。たしかに南米には、世界屈指の強豪国がひしめいている。サッカーならば勝負の行方に一喜一憂することはあっても、あくまでも平和なスポーツだ。ところが、この4つの国が、スポーツではなく武器を用いて戦争をしたことがある。1864年、ブラジル、アルゼンチン、ウルグアイの三国同盟対パラグアイという、パラグアイにとっては圧倒的に不利な戦いである。

もともとブラジル、アルゼンチンとは国境問題などで対立していたものの、ことの発端はウルグアイの内乱にあった。

パラグアイは内陸部に位置しており、貿易を行うためには隣国の港を頼るしかない。

1866年のトゥユティの戦いを描いた絵画。たくさんの遺体が横たわっている。

幸いにもウルグアイとは良好な関係にあったため、そこの港を自由に使わせてもらっていたのだ。しかし、ブラジルの後押しを受けた一派がウルグアイで反乱を起こし、親パラグアイ政権を倒してしまう。

パラグアイのロペス大統領は内乱には不干渉の態度を崩さなかったものの、もしブラジルがウルグアイに侵攻すれば戦争も辞さないと明言していた。

だが、ブラジルは警告など意に介さずにウルグアイに侵攻する。そこで、パラグアイも開戦に踏み切ったのである。そして、ブラジル、アルゼンチン、ウルグアイは、ロペス政権が無条件降伏するまで和解はしないという秘密同盟を結んだ。

こうして始まったパラグアイ戦争（三国同盟戦争、三国戦争ともいう）は、南米史上もっとも悲惨で、大規模な戦いとなってしまったのである。

国民は2割に減った

冷静に考えれば、周囲を敵に囲まれた孤立無援の戦いなど無謀だということがわかる。だが、当時のパラグアイは経済状態もよく、南米屈指の軍事力も備えていた。実際、開戦当初のパラグアイは快進撃を続けたのだ。

とはいえ、三国同盟側にはイギリスの支援もあり、しだいにパラグアイは劣勢に追い込まれていく。パラグアイ川沿いに築かれた要塞が次々と落とされ、首都アスンシオンも陥落する。守りの兵はことごとく虐殺された。

それでも、ロペスは屈しなかった。東北部へと退却しつつも、6年もの間抵抗を続けたのだ。男たちだけでなく、女も子供も老人も必死で戦ったが、こうした徹底抗戦が悲劇も生む。アコスタ・ニューの戦いでは、2万の大軍で構成されたブラジル正規軍にたった3500人の少年兵が斬り込み、惨殺されたという。

ついに追いつめられたロペスは、「祖国とともに死なん」と叫んで敵に突っ込んでいく。その身体には銃弾と槍が容赦なくたたき込まれた。

そのうえ敵兵はロペスの死後、身につけているものや武器を略奪するばかりでなく、耳を削《そ》ぐ、頭の皮をはぐ、目をえぐり取るなどの残虐な行為をしたのだ。

戦争に負けたパラグアイは領土の半分を失い、多数のパラグアイ人がブラジルのコーヒー園で奴隷のように働かされた。

しかし、この戦争のすさまじさをもっともよく物語っているのは人口だろう。一説によれば開戦前には１３０万人以上だったものが、終戦時には30万人にまで落ち込んだという。国民の８割といえば、ほとんど皆殺しに近い。とくに成人男性の被害が大きく、生き残ったのは２万人に満たなかったと伝えられる。街を歩くと木の上から女性が降ってくるという噂まで流れたほどだ。

これが労働力の不足や出生率の低下、さらにモラルの欠如などを招き、社会や経済の混乱が深刻化した。パラグアイがこの状態から立ち直るには、じつに半世紀もの時を必要としたのである。

近代兵器が登場した第一次世界大戦

世界は狭くなり戦域は広がる

20世紀に入ると、戦争はひとつの国対国で起こるのではなく、いくつもの国を巻き込む大規模なものが増えていく。そのために被害もそれまで以上に大きくなり、犠牲者も戦闘員だけではなく一般市民などの非戦闘員を巻き込んで広がるようになった。文明が進歩し、世界各国の関係が緊密になることはいいことだが、しかしその反面、ひとたび戦争が起これば、それがより悲惨なものになるのだ。

人類が最初に経験した世界的規模の戦争である第一次世界大戦も、まさにそうだった。戦ったのは、ヨーロッパのふたつの陣営だ。一方は、19世紀末までにアフリカやアジアを分割して勢力を拡大し、帝国主義政策を推《お》し進めてきたイギリス、フランス、ロシア（三国協商）である。

そしてもう一方は、それらに遅れて帝国主義政策をとり、軍備拡大に力を入れ始め、三国協商の国々に対抗しようとするドイツ、イタリア、オーストリア（三国同盟）だ。

火炎放射器と毒ガスが登場

当時バルカン半島ではいろいろな民族が入り乱れていたが、なかでもロシアとオーストリアの対立は根深かった。

1914年6月、セルビアの民族主義者がサラエボでオーストリア皇太子を暗殺した。これをきっかけにオーストリアがセルビアに宣戦布告し、さらにドイツ、ロシア、フランス、イギリスが参戦する。その後、アメリカや日本も参戦し、戦争はヨーロッパを飛び出して世界に広がっていく。まさに世界規模の戦争となったのだ。

そして、この戦争をさらに悲惨なものにしたのは近代兵器の使用だった。そのことを象徴するのが、1916年にフランスとドイツの国境近くにあるヴェルダン要塞をめぐって起こった攻防戦である。このときドイツ軍は、火炎放射器を用いたのだ。これが現在の火炎放射器の原型である。火炎は厚い要塞の壁のわずかな隙間から中に入り、兵士を焼き殺した。フランスはこのために大きな被害を受けたのである。

しかしそれだけではない。さらにドイツ軍はあろうことか〝毒ガス〟を使用したのだ。

近代兵器が人類の命を奪う

1899年の「ハーグ陸戦協定」では、毒ガスの使用は禁止されていた。しかしそれに反してドイツ軍が使用したために、その後は両軍ともに使うようになる。これは「ホスゲン」と呼ばれるガスで、人の肺を焼きつくして窒息死させるものだった。

悲惨なのは、このガスは空気よりも重いので、敵兵だけでなく地下の塹壕にひそんでいた味方にも多数の犠牲者を出したという点だ。そのためにヴェルダン要塞をめぐる戦いは、まるで地獄の様相だったといわれる。

わずか100平方マイルの陣地を奪い合っただけの戦闘だったにもかかわらず、なんとフランス軍38万人、ドイツ軍36万人という膨大な死者を出した。ほとんどが近代兵器の犠牲者なのである。最終的には、第一次世界大戦の死者は世界で約2000万人、そのうちの半数である約1000万人が非戦闘員だった。

戦闘中に使われた催涙ガスによって目を痛めたイギリス兵

かつてない数の犠牲者が出た背景には、毒ガスや火炎放射器のほかにも、戦車、潜水艦、航空機、機関銃など、新たに発明・開発、あるいは改良された兵器の存在がある。

しかも、工業の発達により、それらが大量生産できるようになった。それは勝者にとっても敗者にとっても、より多くの犠牲者を出すことにつながったのである。

結局は、どれだけの兵器を造り、どれだけ効率的に戦場に送り出せるかが勝敗を分けたともいえるのだ。

文明の進歩と技術の発達は人類に大きなものをもたらした。しかしその一方で、もしも使い方を誤れば、人類に向けられる刃にもなることを証明したのが第一次世界大戦だったのである。

一般人を犠牲にした第二次世界大戦

人類史上最悪の戦争

ソ連1450万人、ドイツ280万人、日本230万人……。これは第二次世界大戦で戦死した兵の数である。

もちろん戦争で犠牲になるのは兵士だけではない。民間人の犠牲者も多い。ドイツでは230万人、日本でも80万人の民間人が命を落とした。

世界中の国々を巻き込み、過去に例を見ないほどの犠牲者を出した第二次世界大戦は、人類が犯したもっとも悲惨な愚行だったといえる。歴史の教科書で説明されている以外にも、この戦争では数多くの残虐な行為が繰り返されている。

それらの中には歴史の陰に埋もれてしまい、タブーとしてあまり語られなくなったものもある。

1945年8月9日、長崎に落とされた原爆のキノコ雲。後遺症などによるものも含めると、約22万人の民間人が犠牲になった。

たとえば、アメリカ軍とイギリス軍はドイツ攻撃の際にドレスデン空襲やハンブルグ空襲で非戦闘員を多数虐殺した。ドレスデン空襲では、一説では約15万人もの罪のない市民が殺されたといわれる。

「無防備都市」を襲った大空襲

じつはドレスデンは無防備都市宣言を行っており、この都市を攻撃することには戦略上は何のメリットもなかったといわれる。また、ハンブルグ空襲は、のべ２６３０機の爆撃機がなんと約９０００トンの爆弾を投下し、約5万人の市民の命を奪った。イギリス政府は後にこの空襲を「ドイツのヒロシマ」と呼んだほどである。

アメリカ軍は東京に対しても、１９４４～４５年にかけて１００回以上の空襲を行っている。とくに45年3月10日のいわゆる東京大空襲では、東京の多くが焦土と化し、８万人以上の犠牲者が出た。

アメリカ軍は東京を空襲する前に、どうすれば日本独特の家屋に大きな被害を与えられるかを実験したといわれる。その結果、木や紙、畳といった日本独特の建築物を効率よく破壊するためにクラスター焼夷弾《しょういだん》が開発され、恐ろしい威力を発揮したのだ。

一般市民に核兵器が使われる

そしてもちろん、広島と長崎への原爆投下という悲惨な事実も忘れてはならない。その犠牲者の数は、広島の場合は投下直後で約14万人、その後後遺症などによる死者を含めると約20万人以上といわれる。また、長崎では投下直後に約7万人が死亡、その後も後遺症などで約15万人が犠牲になったとされる。

原爆投下については、現在もアメリカ人を中心にして「戦争終結のために正当だった」という考え方が根強い。また、太平洋戦争のきっかけとなった日本軍による真珠湾への奇襲攻撃もよく引き合いに出される。その真偽を判断するのは難しい。

また第二次世界大戦後には、核兵器の所有を抑止力として、アメリカとソ連が危ういバランスの上でかろうじて均衡を保っている東西冷戦時代が訪れた。

いずれにしても、歴史の教科書ではあまり詳しく語られることのない第二次世界大戦の悲劇を今後も風化させてはならない。

3章 タブー抜きには語れない場所

部族対立が大虐殺を生んだルワンダ

3カ月で50万人が死体になる

つい昨日まで挨拶を交わしていた隣人同士が、ナタを手に殺し合いを始める。街のあちこちにはナタで頭を割られて命を落とし、無造作に積み上げられた死体の山が築かれている……。1994年、アフリカ大陸の中央部に位置する小国ルワンダでは、わずか3カ月の間で国民の約10人に1人、少なくとも50万人が虐殺されるという、まさに〝この世の地獄〟ともいえる悲惨な光景が繰り広げられたのである。

フツ族・ツチ族の根深い対立

ルワンダの歴史は、2つの部族の軋轢《あつれき》の歴史ともいえる。

この土地で農耕を営《いとな》んできた先住民はフツ族だったが、17世紀頃に遊牧民のツチ族による侵略を受けると、国民の8割以上という多数派のフツ族を、王政を築いたツチ族が支配するという関係が成立したのである。

さらにその後、ルワンダを植民地としたベルギーが、その支配強化に部族の対立を利用したのだ。

どちらの民族であるかを証明する身分証まで発行され、差別を受けたフツ族のなかに根深い遺恨が生まれたのも当然だったといえよう。やがてフツ族の反乱が国内のあちこちで起きるようになった。

1962年、フツ族はついにツチ族の政権を倒して共和国となることに成功する。

すると今度は、今までの恨みを晴らすがごとくフツ族によるツチ族への弾圧がエスカレートし、多くのツチ族が難民として隣国のウガンダに避難することになる。

彼らは祖国を取り戻すべく「RPF（ルワンダ愛国戦線）」というゲリラ組織を結成し、ルワンダ領内に侵攻してはフツ族政権を悩ませたのである。

侵略し、今度は侵略される――。歴史は繰り返されてしまったのだ。

殺すか、殺されるか

そんなフツ族とツチ族の対立が急展開を迎えたのが、１９９４年のことだ。この年の4月6日、ルワンダの首都であるキガリの空港へ着陸態勢に入った大統領専用機が、何者かが放ったミサイルによって撃墜されてしまったのだ。

飛行機に乗っていたフツ族政権のハビャリマナ大統領は爆死を遂げた。フツ族はこれをツチ族の仕業であると断定し、主要なメディアであるラジオで連日「ツチ族を殺すか、自分が殺されるかだ」と放送したのだ。そして、50万人以上とも言われる犠牲者を出すツチ族の大虐殺に発展してしまうのである。この大虐殺では、フツ族の兵はもちろん、多くの一般人までもがナタを手に殺戮を繰り返した。

さらに、ルワンダには写真ばかりか遺体そのものが今も保管されている。首都のキガリをはじめルワンダのいくつかの都市には、「虐殺記念館」が建てられており、そこには防腐処理が施《ほどこ》されてミイラとなった遺体がケースにすら入れられることなくただ並べられているのだ。苦悶の表情を浮かべて横たわる、ところどころ白骨化した遺体の数々は、無言のままに大虐殺の悲劇を今に伝えている。

布やわらに包まれて道端に積まれた遺体。奥のトラックからさらに遺体が降ろされようとしている。

現在、ルワンダはこの大虐殺を制圧したＲＰＦ出身のカガメ大統領が統治している。しかし、ハビャリマナ政権と親交の深かったフランスは、このカガメ大統領らがハビャリマナ大統領暗殺事件の首謀者であるという衝撃的な報告書を発表している。

一方で、ルワンダ政府の調査委員会は、事件の首謀者は当時のフツ族政権内の反大統領派だったとする報告書を発表して反論しているのである。

さまざまな思惑が入り乱れるなかで、大虐殺を引き起こした大統領暗殺事件の真相は、犯人からの犯行声明も出されないまま今もルワンダの大きな闇となっている。

黒人が入れなかった白人限定ビーチ

白人のための人種隔離政策

南アフリカ共和国の東部に、ダーバンという街がある。２０１０年のサッカーW杯では日本代表をはじめ各国の熱戦が繰り広げられた場所だ。

このダーバンのビーチには、かつて奇妙な看板が立てられていた。英語だけでなく地元の言葉でも書かれた内容は、「このビーチを白人専用とする」というものだった。この看板はダーバン市の名のもとに立てられていた。ダーバン市は条例として、白人以外の海岸への立ち入りを禁止したのである。

当時の南アフリカでは、白人とそれ以外の人種の生活圏が完全に線引きされており、非白人は立ち入ることができない場所が数多く存在していたのだ。人種隔離政策「アパルトヘイト」のためである。

白人限定であることを示した看板（上）
（©Rybec and licensed for reuse under Creative Commons Licence）

南アフリカ政府がアパルトヘイト政策を始めたのは1948年のことだ。そもそも、南アフリカはダイヤモンドなどの鉱物資源が豊富な土地で、その資源を手に入れようとイギリスやオランダといったヨーロッパの列強が相次いで進出した歴史がある。

彼らは労働者としてアジアから多くの奴隷をこの地に連れてきた。やがてそうした非白人系の労働者と彼らの子孫はその数を増やしていった。先住民族の非白人系民族と合わせると、非白人は南アフリカの全人口の8割以上にまで膨れ上がったのだ。

数のうえで圧倒的に不利になった白人たちは恐れをなした。やがて彼らは自分たちの支配を守るために、現地の言葉で「隔離」を意味するアパルトヘイトを開始したのである。こうして、人口の大半を占める非白人系住民は、国土のわずか1割ほどの狭い地域に押し込められることになったのだ。

南アフリカの街という街は、非白人の立ち入りを禁止する看板であふれかえった。白人専用のレストランに白人専用のマーケット、しまいには白人専用の公園や街頭トイレまで登場した。そのうえ、もしも非白人が白人専用エリアに立ち入ろうものならすぐに逮捕されてしまったのだ。

低賃金の労働にしかありつけず、参政権も奪われた非白人系の住民たちは、身分の回復を求めた抗議運動を繰り返したが、政府は彼らを武力で押さえ込んだ。

今も残るアパルトヘイトの闇

この悪法は世界中から非難を浴び、各国は相次いで南アフリカに対して経済制裁を行った。そのため南アフリカは1991年、アパルトヘイトを廃止するしかなかった。ダーバンのビーチも、現在ではさまざまな人種の人々が集まる憩いの場所になっている。砂浜でサッカーを楽しむ子供たちの歓声が響くビーチは、ようやく人種の壁が解き放たれたのだ。

とはいえ、50年以上も続いた差別は今でも深い傷跡となって残されている。以前のようにあからさまではないものの、現在でも白人の行く店ではいまだに非白人の姿を見ることは少ないという。

また、アパルトヘイトによって十分な教育を受けることができなかった人々が、満足な職にありつけずに貧困層となり、暴力事件を起こすといった事件も起きている。

人々の心の中に巣くう闇が消え去るのは、もう少し先のことなのかもしれない。

麻薬地帯ゴールデントライアングル

3つの国にまたがる麻薬の一大生産地

タイ北部のチェンライという街から車でさらに北へ90分ほど行った辺りに、メコン川を挟んでタイ、ラオス、ミャンマーの国境が交わる場所がある。その地域一帯を「ゴールデントライアングル」と呼ぶ。ここは、かつて麻薬や覚せい剤の密造地帯として悪名高い地域だった。一時は、世界に流通するアヘンの約7割がこの地域から流出しているという噂もあったほどである。

しかし現在では取り締まりが強化され、タイやラオスでは経済成長とともに麻薬撲滅の傾向にある。

タイでは、1988年から王室による「麻薬根絶計画」が始まった。山岳地帯に住む少数民族の貧困がすべての元凶であるという考えのもと、森林の再生事業などの別

タイ側から見た3国の国境。対岸がラオスで中洲はミャンマー。

の収入源を提供し、同時に水道や電気といった社会インフラの充実などを図ったのだ。

この計画によって、1994年にはケシの生産は100パーセントなくなり、麻薬の使用や売買、隣国への密輸なども劇的に減少したのである。かつてのケシ畑は一気にリゾート地化が進み、高級リゾートホテルも建つほどの観光地になった。

ミャンマー、ラオスとの国境が見渡せる場所には、メコン川を背景に「ゴールデントライアングル」と書かれた看板が用意され、恰好の撮影スポットになっている。かつて麻薬の輸送に使われていたメコン川には、ツアーボートの乗り場まであるのだ。ラオスでも状況は改善されたため、タイ側やラオス側からゴールデントライアングルへのアクセスは比較的簡単になった。

ミャンマーに残る麻薬の影

しかしミャンマーでは、黒い影の存在はいまだに拭いきれていない。

ミャンマーでケシの栽培が始まったのは19世紀からといわれている。中華人民共和国が成立した後に、国を追われた武装勢力がミャンマーの少数民族を抱き込んで半独立国をつくり、麻薬密売を資金源として君臨したのである。その後、一帯ではビルマ共産党やミャンマー軍事政権が入り乱れて闘争を繰り返すことになる。

そんな不安定な情勢につけ込んだのが中国残党武装勢力から独立した人物クン・サで、彼はみずからの軍を率いて独自に麻薬ビジネスを始めた。

このことでアヘン生産が定着し、麻薬生産地ゴールデントライアングルが形成されたのである。クン・サは「麻薬王」として長くこの地に君臨することになった。

そして、そんな情勢に引きずられるように、ミャンマーの山岳地帯の少数民族が住

クン・サ（右）と、ジャーナリストのステファン・ライス（左）
（©Stephen Rice and licensed for reuse under Creative Commons Licence）

む地域における麻薬がらみの犯罪は、撲滅どころか勢いを増しているといわれている。

国際的な非難を背景に、ミャンマー軍事政権も麻薬撲滅の立場を表明し、ケシ栽培禁止の法律を定めたが、けっして徹底されてはいない。一時は減った麻薬生産量も、再び増加に転じている。

かつての麻薬王クン・サは2007年に死亡しているが、それに代わる麻薬王がミャンマーの山岳地帯のケシを資金源にホテル経営などの合法的なビジネスを展開しているともいわれている。危険地帯であるゴールデントライアングルは、本当の意味ではまだ消滅していないのだ。

存在しないはずのロシアの都市

存在を秘密にされている謎の都市

ロシア連邦のバシコルトスタン共和国にメジゴーリエという都市がある。ウファの東約230キロメートル、ベロレックの北西約70キロメートル、小インゼル川左岸に位置するといっても皆目見当がつかないだろうが、だいたいウラル山脈の南端あたりだと思えばいいだろう。

今でこそ人口1万8000人程度の都市だということが知られているが、1994年までは地球上に「存在しない都市」として秘密にされていた。もちろん、地図にも載っていないし、住民への手紙なども出せなかった。

その存在を知られるようになった今でも、誰もが自由に出入りできるわけではない。地元住民以外の人間は絶対に入ることのできない都市なのである。

メジゴーリエと思しき地域
(© Водник and licensed for reuse under Creative Commons Licence)

存在理由は不明

この都市がつくられたのは1979年といわれている。

住民たちはヤマンタウという名の山で採掘作業に従事しているといわれている。ヤマンタウ山は標高1640メートルでウラル山脈南部ではもっとも高い山だ。

しかし、本当に採掘作業が行われているかどうかはわからない。1990年代にはアメリカの衛星写真によって、掘削作業が行われているらしい場所が確認されている。だが同時に駐屯地らしきものも写っており、アメリカ側にはここが核戦争に備えて作られた重要人物のための避難所ではないかという専門家もいる。しかし、アメリカが何度質問しても、ロシア側は「採掘場だ」という説明を繰り返すだけなのだ。結局、いまだに真相はわかっていない。

旧ソ連時代にできた数々の秘密都市

じつは旧ソ連には、地図に載っていない秘密都市が数多く存在している。メジゴーリエも、そんな秘密都市のひとつだった。

これらの都市は何らかの形で軍の施設や軍事産業などに関わっている。そのために機密保持が何よりも優先され、名前も周辺都市に数字を足しただけの暗号で呼ばれていた。メジゴーリエの場合は、「ベロレック15、16」というのが呼び名だった。

ロシア連邦になって、ようやくメジゴーリエという名称がつけられたが、あくまでも「閉鎖行政地域組織」とされ、今でも一般の人の立ち入りは許されていない。

ところが近年になって、ここには核攻撃システムが設置されていることがわかった。つまり、鉱山の採掘作業が行われているというのはカモフラージュであり、国際的に秘密にされた重大な目的があったのだ。

閉鎖都市の種類はふたつ

ちなみに、ロシアには立ち入りが厳しく制限される閉鎖都市もある。まず、軍事産業または原子力・核兵器に関する産業が存在するために閉鎖されている都市だ。そしてもうひとつは、軍事的な重要地またはレーダー基地などがあり、保安上の理由から閉鎖されている都市である。この多くは国境にある。

ソ連は第二次世界大戦後からそれらの都市をひそかに建設し始め、立ち入りを禁止したり、国家機密にするようになった。

なかにはカリーニングラード州のように州全体にわたって、外国人旅行者・ソ連住民を問わず旅行が制限されている場所もあった。軍需産業が集まっているゴーリキー（現在のニジニ・ノヴゴロド）、ミサイル・ロケット開発が行われているクイビシェフ（現在のサマーラ）などの大都市も立ち入りが厳しく制限された。

これらの多くはソ連邦の崩壊後に開放されたが、メジゴーリエのように今も立入禁止の場所もある。さらには、その場所が確認されていない都市が現在も約15あるといわれているのだ。

ミャンマーの秘密首都ネーピードー

国民も知らなかった突然の首都移転

ミャンマーは、アウン・サン・スー・チー氏に関するニュースなどで日本でもよく知られた国だ。そんなミャンマーの首都といえばヤンゴンだったが、２００５年から当時の軍事政権が新たな土地に首都を移し始めた。しかも、時の政権は、首都移転という国家的一大プロジェクトを、近隣諸国はおろか国内にも何の報告もなく突然始めたのである。しばらくは国民ですらその事実を知らなかったようだ。

現在の首都は、ヤンゴンから北に約３００キロメートル行った辺りにある。ヤンゴンから飛行機で約35分、バスなら約8時間かかる。２００6年になって首都名が「ネーピードー」との発表があったが、これはミャンマー語で「王の都」という意味だ。

この新首都ネーピードーは、長らく外国人の立ち入りが禁止されていたことから「秘

タイの要人がネーピードーを訪れたときの様子。立派な設備の奥は更地のままだ。（©Abhisit Vejjajiva/Thai Government and licensed for reuse under Creative Commons Licence）

密首都」とささやかれていた時期もあった。しかし、今では観光地になっており、訪れる人も増えている。

今でこそ電車も通り、議事堂や各省庁の建物、外国人用のホテルやショッピングセンターや動物園までできているが、それまでのネーピードーは周囲を山と森に囲まれ、水道や電気といった基本的インフラも整っていない小さな町だったという。

そんな僻地の山や森を切り拓いて、片側4車線もある滑走路のようなまっすぐな舗装道路を造り、あっという間に軍総司令部をはじめとする軍の中枢機能も旧首都ヤンゴンから移してしまったのである。

どこにそんな資金があったのかはいま

だ不明であり、そもそもなぜ極秘裏に遷都が進められたのかも謎のままである。「軍政の奇行」と言ってしまえば簡単だが、海外メディアではいろいろな憶測が飛び交っている。

閑散とした新首都

憶測によると、遷都の理由は3つある。

まずは、米軍の攻撃から首都を防衛するためという説である。沿岸部に位置するヤンゴンは海から侵略されたらひとたまりもないが、ネーピードーは山岳地帯なのでゲリラ戦に持ち込めるというものだ。もっとも米軍による攻撃などミャンマー側の勝手な言い分にすぎないので、傍から見ればまったくいらぬ心配なのだが、当時のミャンマー政権は真剣に心配していたようだ。

もうひとつは、暴動や抗議デモなどが起こったときでも政府機能を保持するためという説である。大都市となったヤンゴンで1988年に起こった大規模クーデターの際に、政府機能がすっかり麻痺してしまったことが教訓になっていると思われる。もし再びヤンゴンでクーデターが起きても軍政の威厳を失わないため、首都を辺鄙なネーピードーにしたのではないかとの憶測がある。

さらに、軍政のトップにいたタン・シュエ議長が占い好きだったからという説もある。彼は軍人としてのキャリアを積んできた人物だったが、一方で占星術などのオカルト的思考にものめりこんでいたようで、真偽は定かではないが首都移転も占い師のお告げだったと噂されている。

いずれにしても、軍事政権は1年足らずで大方の移転を終えた。それから間もなくの２０１１年3月、政府は突然それまでの強固な軍事姿勢を軟化して総選挙を実施した。そして新政府を発足し、民政化をアピールし始めたのである。しかし、そのとたんにネーピードー周辺で爆弾テロが頻発するようになった。車や市場、レストランが狙われて、首都の治安は最悪になったのである。一連の犯行はミャンマー最大の反政府武装グループが関与している可能性が高い。何もなかった平和な土地が首都になったばかりにテロの標的になってしまい、危険度が急に増大してしまったのである。

新政府樹立とともに国名もミャンマー連邦共和国と変更されたが、長く続いた軍事政権から脱却して本当の民主化を迎えるにはまだ相当の時間がかかりそうだ。

戦時中は地図から消えた大久野島

存在しないはずの瀬戸内の島

広島県中南部、芸予《げいよ》諸島のひとつに大久野島という島がある。周囲4キロメートル、面積0・7平方キロメートルの小さな島で、瀬戸内海に面した竹原市の忠海《ただのうみ》港からフェリーに乗ると15分ほどで着く。現在は野生のウサギがたくさんいる場所として知られ、観光客に人気ののどかな場所だ。

ところが、この島には暗い過去がある。「存在しない島」として地図からも消されていた時期があるのだ。

この島には、かつて3家族が暮らしていたが、島民たちは強制的に退去させられてしまった。命令したのは軍部である。いつ戦争が始まるかわからない不穏な時代に、軍部がこの島をある目的のために使用することを決めたためだ。

かつて毒ガスが置かれていた長浦貯蔵庫

1929（昭和4）年、この島に建設されたのは毒ガスの製造工場だった。
瀬戸内海のこの小さな島は、恐ろしい殺人兵器を作る場所として選ばれ、1937（昭和12）年には約400人が毒ガス製造に従事していたといわれる。
しかし、毒ガスを使った兵器の使用は国際法で禁止されていたため、毒ガス製造も秘密裏に行わなければならない。そのためにこの島は「存在しないもの」とされ、地図からも消されてしまった。
存在しない島には誰も行くことはできない。まさにこの島は、関係者以外は完全に立入禁止になってしまったのだ。

戦時中は毒ガス工場だった

この島で製造されていたのは、イペリット、クシャミガス、青酸ガスなど、どれも毒性の高いものである。しかも、その総生産量は約６６００トンという途方もない量だったといわれている。

工場で働いていた人々は、自分たちが何を作っているかを知らされていなかった。しかし毒ガスによる障害に苦しめられる人が多く、後に工場がなくなってからもガンなどの恐怖に脅《おび》えながら生活しなければならなかったのだ。

第二次世界大戦後は、アメリカ軍によって施設の一部が破壊され、毒ガスは海中に投棄されたり地中に埋められたり、さらに焼却処分されたりした。また、工場の跡地はアメリカ軍が接収して弾薬庫として使われていた時期もあった。

その後、島にはホテルやビジターセンターが建てられ、今では観光客が訪れるようになった。野生のウサギの姿を見ると、この島で恐ろしい兵器が作られていたことなど想像もできないだろう。

島に残る危険な残骸

しかし、現在でも毒ガスを製造していた頃の名残を見ることはできる。たとえば、当時の工場の機械を動かしていた発電所の建物はそのまま残っている。この小さな島に発電所が8ヵ所もあったというから、いかに大規模な工場だったかがわかるだろう。ほかにも砲台の跡があるが、これは実際に砲台として使われるよりは毒ガスの原材料を置く場所として使われていた。これらの建物はとくに保存されることもなく、風化するに任せている状態となっている。立入禁止になってはいるが、観光客の中には近くまで行ってしまう人もいるという。

ただし残留化学物質が残っている可能性もあるので、建物にむやみに手を触れるべきではない。実際、1996年に行われた調査で、土壌から最大環境基準値の約400倍ものヒ素が検出されたため、一部立入禁止になった。その後も発煙筒など、かつて毒ガス工場があった時代の遺物がいくつか発見されている。もちろん汚染土壌は除去処理され、遺物は埋め戻されるなどして安全は確保されている。しかし、この島の暗い歴史を物語る証拠は、姿は見えずとも確実に残されているのである。

人骨都市サンクトペテルブルク

人々の死体の上にある美しい都市

美しい石造建築と800もの橋が見事な景観を織りなすサンクトペテルブルクは、ロシアの北西部、レニングラード州の州都だ。1703年にピョートル大帝の命令によって造られた人工都市で、現在モスクワに次ぐロシア第二の都市でもある。

モスクワが「母なる大地」を象徴する都市として語られるのとは対照的に、西欧社会をモデルにして計画されたサンクトペテルブルクは、キリスト教的な父性愛を象徴する都市として表現されることがある。

さらに、エルミタージュ美術館・博物館も有名で、この街がかつて王によって築かれ、王権の象徴といえる存在だったことを後世に伝えている。

18世紀にはロシアの首都となった時期もあり、またロシア革命発祥の地ともいわれ、

サンクトペテルブルク建設はピョートル大帝（左）の強大な力で実現した。ペトロパヴロフスク要塞（下）は堅牢で華麗だが、これらの建物のために何十万人という人命が奪われた。

まさにロシアの歴史の場面ごとに重要な役割を演じてきた場所なのである。

しかし、その絢爛豪華な都市の化けの皮を剥がすと、そこには恐ろしい歴史が潜んでいる。じつはサンクトペテルブルクは、累々たる屍《しかばね》の上に成立した都市、まさに「人骨都市」でもあるのだ。

都市建設のために数十万人が死ぬ

この都市をつくったピョートル大帝は、ロシアの近代化と併せて、西欧化を急速に進めようとした人物である。ピョートルは、当時は大きな勢力を誇る海洋国家であったスウェーデンに対抗してバルト海の覇権を何としても確立したいと考えていた。

そのために、バルト海に面したこの場所に近代都市建設を命じるのである。

「サンクトペテルブルク」とは、キリスト教の聖人ペテロと、自分の名前（ピョートルはラテン語でペテロ）を重ねてつけたものだ。

建設命令は強引なものであり、工事は急ピッチで進められた。現在サンクトペテルブルクがある場所は、もともとはネヴァ川のデルタ河口に位置する湿地帯だった。このため、気温が上がる夏場になると一気に高温多湿となり、伝染病が猛威をふるった。

都市そのものだけでなく、河口付近ではペトロパヴロフスク要塞という軍事施設の建設も同時進行で進められた。街の建設作業はかなり過酷なものになり、伝染病はもちろん、その他の病気やケガなどにより、工事に携わった人々が次々と命を落とした。なかには、湿地を取り巻いている森にひそむ野生の狼に食い殺された者もいたという。労働者たちは、命をかけて建設工事に当たっていたのだ。

こうした過酷な工事に携わっていたのは、農奴をはじめ、トルコやスウェーデンの捕虜たちだったが、その死者数は少なくとも1万、一説には10万人とも20万人ともいわれている。

もちろん、それほど多くの死者が出たわけだから、いちいち墓を作って手厚く葬っている余裕はなかった。屍をさらし、骨になり、朽ち果てた死者も数えきれなかった。

この血塗られた成り立ちこそが、きらびやかな都市の下に累々と屍が積み重なっているといわれる所以なのだ。

さらに、サンクトペテルブルクを襲った第二次世界大戦の悲劇は、再びこの都市を死体の山で埋め尽くしたのである。

「飢餓輸出」させられたインドネシア

いまだ生々しい忌まわしき350年

2005年のことだ。オランダの外相がインドネシアの外務省を訪れて、異例の声明を読み上げたことが話題になった。その声明とは、オランダがインドネシアに対して行った350年にわたる植民地支配への謝罪だった。

じつはインドネシアには、「オランダ支配350年」という言い方がある。そこにはオランダに対する深い恨みが込められている。

かつてオランダには、オランダ海上帝国と呼ばれる植民地大国だった時代がある。17世紀から18世紀のことだ。17世紀初頭、当時はネーデルラント連邦共和国という国だったオランダは、オランダ東インド会社を作って東インドに進出すると、勢力が弱まっていたポルトガルから香辛料貿易の富を奪った。

オランダに対して反乱を起こし敗北したディポネゴロがオランダ側に引き渡される様子を描いた絵画。このジャワ戦争によって、オランダのインドネシア支配はますます堅固なものになった。

さらに植民地を拡大するためにオランダ西インド会社も設立し、オランダの勢力は大きく拡大した。これ以降18世紀にかけてオランダの植民地が広がった時期が、オランダ海上帝国である。

インドネシアに初めてオランダの商船が到着したのは１５９６年だった。それから１世紀を経て、いよいよインドネシアにとって悪夢のようなオランダ支配の時代が始まるのだ。

現地人が飢えても食物を輸出する

当時のインドネシアは国土の中に小さな王国が乱立しており、互いに反目したり分裂したりしていた。

そのためにインドネシアというひとつの国家としてのまとまりに欠けていた。

オランダはそれをうまく利用し、18世紀なかばにインドネシア内の有力な王国を瓦《が》解《かい》させて思いのままに操るようになった。

なかでも、オランダの植民地支配における大きな汚点は、強制栽培制度である。東インド会社の経営が悪化したために、植民地からの利益を上げようとしたオランダは、1830年頃からインドネシアに強制栽培制度を押し付けた。

これは、ヨーロッパ市場で利益の上がるコーヒー、茶、砂糖、藍などを強制的に栽培させるというもので、とくにコーヒーや茶などオランダ本国への生産物については、耕地面積の5分の1もの広さの畑をそれに充てるように強要した。

インドネシアの人々にとっては慣れない作物の育成は大きな負担であり、しかも安い値段で買い叩かれる。

さらには、そのわずかな現金収入も地租として取り上げられたので、インドネシア人は一気に貧困のどん底に突き落とされた。

餓死者が続出する

さらにオランダが巧妙だったのは、村長には大きな収入が入るような仕組みにしたことだ。そのために村長と村民との関係が分離し、村落共同体そのものが解体し、食糧自給体制も失われ、餓死者が続出するほどだった。平均寿命が35歳にまで低下したともいわれている。

また、米価の高騰や飢饉などで、各地で急激に人口が減少した。しかも、これだけの強引な植民地支配をしながらも、現実にはオランダの貿易額のほとんどは、ヨーロッパ内、または地中海貿易によってもたらされたものだった。

インドネシアで犠牲になった人々は、まさに無駄死にだったともいえるのだ。

さらに、オランダとインドネシアの間には、恐ろしい出来事があった。オランダによるインドネシアの植民地支配を終わらせたのは、じつは1942年の日本占領だった。日本が戦争に敗れると、1945年8月17日、インドネシアは独立宣言を行った。ところがオランダはこれを認めず、軍隊を送り込んで、15万人もの犠牲者を出したのだ。オランダに対するインドネシアの深い遺恨も納得できるというものである。

代理核実験が強行されたタヒチ

本国から遠い場所で行われた核実験

「タヒチはフランスの一部である」

これは1995年にフランス大統領に就任したシラク大統領の発言だ。

そして同年6月、シラク大統領はムルロア環礁で核実験を再開すると発表した。もちろん世界中が反対し、とくに同じ南半球の国であるオーストラリアやニュージーランドなどは強硬に抗議した。しかし、実験は断行された。

ムルロア環礁は、タヒチ島南東1200キロの南太平洋にある環礁である。ここでフランスが核実験を行ったのは95年だけではない。じつは、1966年から核実験場になっていたのだ。タヒチだけではない。フランスは、サハラ砂漠のアルジェリア領内でもたびたび核実験を行ってきた。

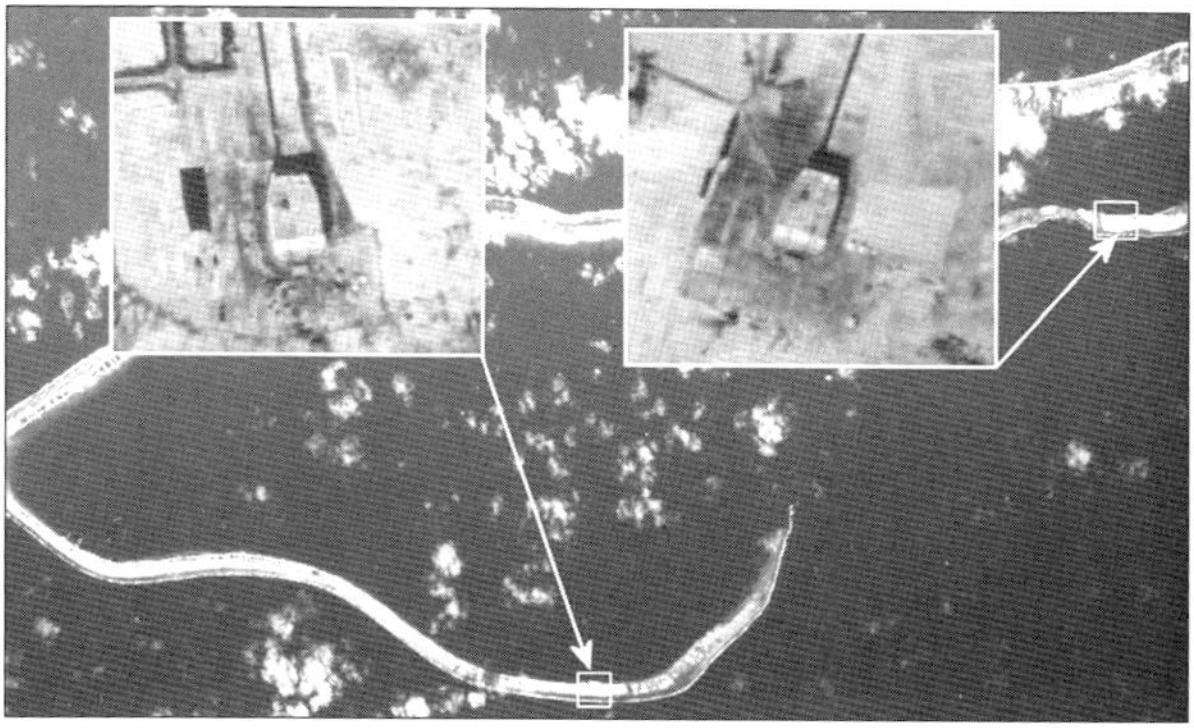

1967 年 5 月、ムルロア環礁の原子力試験場を捉えた衛星写真（アメリカ国家安全保障アーカイブより）

なぜフランスは、自国から遠く離れたこれらの地域で核実験を繰り返したのだろうか。じつは、それらの地域はフランスの領土なのである。

周辺住民の反対デモ

タヒチとフランスの関係は、１８４２年までさかのぼる。この年フランスは、タヒチを保護領とする条約を強要し、それをきっかけとして１８８０年に正式に領土とした。その後、フランスは核実験場にする見返りとして、リゾート地として開発するなど経済的な豊かさを約束した。

しかし、核実験への反感は強く、フラン

スからの独立運動が何度も起こった。１９９５年の核実験反対のデモはとくに大規模なもので、放火や投石もあった。世界中からの非難を受けたフランスは、それまで地上で行っていた実験方法を変えて、地下で行うようにした。しかし、それだけで周辺住民の不安が消えるはずはない。相変わらず非難と抗議の声は絶えない。

核の影響の調査も行わない

アルジェリアがフランスの植民地になったのは１８３０年のことだ。アルジェリアには、その後１００年以上にわたって多くのヨーロッパ人が移り住んだ。

しかし、１９５４年に独立戦争が起こり、62年にようやく独立する。アルジェリアはその後、１９９９年にＩＡＥＡ（国際原子力機関）に核実験が行われた場所とその影響の調査を依頼したが、結局正確なことはわかっていない。サハラ砂漠の一部であるために調査がしにくく、さらに遊牧民の実態は正確には把握できないのだ。

ムルロア環礁にいたっては、今もフランスの領土であり、核実験がどのように行われてどんな影響を残しているのかが正式に調査されたことさえない。

世界が核兵器に対して厳しい目を向け、取り決めをしようとしている時代に、「領土だから」という理由だけで自国から遠く離れた場所で核実験を強行し、しかもその影響について調査さえも行わない。

これこそ、今や世界的な大国となったフランスの、もうひとつの顔である。

かつての植民地政策のなごり

フランスは1605年、現在のカナダ・ノバスコシア州あたりを植民地にしたのを皮切りに、植民地を増やしていく。しかし、ほかのヨーロッパ諸国に後れをとり、やがてその多くを失った。

その代わりに今度は西インド諸島や南米大陸、さらにアフリカ大陸へと進出。その後フランス領インドシナを形成すると、ようやく本格的な植民地時代が始まる。

1996年以降、フランスは核実験を取りやめ、2008年には核兵器保有量を3分の1に削減するとした。しかし、過去の実験の影響という大きな不安はいまだに残されている。

子供に銃を持たせるアフリカの闇

内戦の絶えないアフリカ大陸

迷彩服に身を包み、誇らしげにマシンガンを構える兵士を写したこの写真をよく見ると、この兵士はまだあどけなさを顔に残す少年のようだ。この写真が撮られたアフリカ中央部に位置するコンゴ民主共和国では、１９９０年代から「アフリカ最悪の戦争」「アフリカの世界大戦」などと呼ばれるほど壮絶な内戦が続いている。

アフリカで多くの国々が植民地支配から独立した１９６０年は「アフリカの年」と呼ばれているが、コンゴが50年以上続いていたベルギーによる植民地支配から独立を勝ち取ったのもこの年だ。

ところが、それからわずか30年ほどの間で何度となく内戦によって政権と国名を変え、そのたびにそこに暮らす人々は戦禍に巻き込まれている。

マシンガンを抱えた反政府武装勢力の少年兵士（写真提供：AFP＝時事）

戦乱続きのコンゴでは内戦による犠牲者は500万人以上ともいわれていて、第二次世界大戦以降では戦争における民間人の被害数として最悪の数字を積み上げているのだ。

子供たちが銃を手にするわけ

この内戦が勃発したきっかけは、アフリカ大陸におけるコンゴの位置する場所にあったともいえる。

多くの民族が暮らすアフリカでは古くから民族間の紛争が多発してきたが、9カ国と国境を接するコンゴに、そうした隣国の争いが飛び火してしまったのである。

とくにコンゴの東に位置するルワンダは約

60年以上もツチ族とフツ族が激しい火花を散らしている危険な地域だ。

戦火を免《まぬが》れて多くの難民がコンゴに入り込んでくる。そうなると、隣国の争いがコンゴ国内に広がってくるのも時間の問題だった。そこに、国内の反政府運動や、ダイヤモンドやレアメタルといった豊富な鉱山資源の利権争いまでもが入り乱れて、コンゴはいつしか、内戦の絶えない地域となってしまったのだ。これらの資源は、軍事活動の重要な資金源となったからである。

こうして政府軍と反政府軍の激しい戦闘が繰り返されるなかで、大人ばかりか多くの子供たちが反政府メンバーの一員として戦闘に参加するようになった。

やがて、攻撃をしかけてくるのも子供なら犠牲になるのもまた子供、という悲惨な光景が日常的になったのである。少年兵の中には、父親を戦争でなくした子供が家族を養うためにみずから志願して兵士となったケースが少なくない。コンゴの子供たちにとっては、戦争はすでに仕事のひとつになってしまっているのだ。

実際にコンゴは世界でももっとも貧しい国のひとつといわれていて、多くの国民が毎日1ドル以下での生活を強いられている。

そんな食うや食わずの毎日で、明日はどうなるかさえわからない子供たちに、反政府軍は大金をちらつかせて忍び寄ってくるのだ。そればかりか、自分の意志とは関係なく戦争に巻き込まれてしまう子供たちもいる。反政府軍のメンバーは、学校や難民キャンプから誘拐してきた子供をむりやりに兵士に仕立てて最前線に送り込んでいるのだ。逃げ出そうとする子供たちは捕まって残酷な拷問を受けるか、ほかの子供たちへの見せしめのために無残にも命を奪われることもあった。

戦争に巻き込まれる子供たち

いずれにせよ、子供たちを待っていたのは地獄でしかなかった。彼らは銃弾に倒れ、地雷に吹き飛ばされ、次々とその命を落としていく。人の死が日常的となっているなかで半狂乱になる子供や、親を思って泣き続ける子供も出てくる。

そんな子供たちには、恐怖心をまぎらわせるために幻覚作用のある麻薬やアルコールを与えることもあったという。

そして現在でも、兵士として使われている子供たちは、現在も世界で30万人以上いるといわれている。

4章 タブーになった事件現場

「ギロチン広場」だったコンコルド広場

血塗られた処刑場

花の都パリは有名な観光名所がそろっている地区だ。オペラ座、ルーヴル美術館などが立ち並ぶこの界隈は、さまざまな国の観光客でいつもにぎわっている。

とりわけ、街の中心部に位置するコンコルド広場からの眺めは秀逸だ。まっすぐに伸びるシャンゼリゼ通りの向こうには凱旋門がそびえ立ち、その反対側ではルーヴル美術館が堂々たる構えを見せている。広場の中央にある巨大なオベリスクや女性像など、広場自体の美しさも見逃せない。

この広場は、ルイ15世の騎馬像を設置するために1772年に建設された。そのため、当初の名前は「ルイ15世広場」だった。その後何度も名前を変え、コンコルド広場という名称が定着したのは1830年になってからのことである。

市民や観光客などでにぎわうコンコルド広場

現在では華やかさの象徴のような場所だが、じつはまったく正反対の暗い過去を持っている。「革命広場」と呼ばれていた時代、ここは血塗られた処刑場だったのだ。あの悪名高いギロチンが１３４３人もの首を切り落とした場所なのである。

ギロチンは慈悲から生まれた

じつは、ギロチンという処刑方法は、受刑者へのやさしさから生まれたものである。

フランス革命後、パリ大学教授のギヨタン博士は国民議会でこう発言した。

「受刑者はみな同じ方法で、よけいな苦痛を味わうことなく刑に処せられるべきだ」

この主張が認められ、ギロチン刑が採用されたのである。十分に残酷なギロチンすら慈悲の道具に見えてしまうとは、どういうことなのだろうか。

当時は処刑前の拷問は当たり前で、処刑方法も絞首刑や、馬に四肢を引かせる四つ裂き、あるいは火あぶりなど、長く苦しむ残虐刑のオンパレードだった。

それらに比べれば、大きな斧が一瞬にして首を切り落とすギロチンは、受刑者の苦痛も一瞬で終わるということだったのだ。

国王夫妻の処刑

フランス革命が起きたのは1789年7月。次々に重税が課されるうえ、物価が高騰、日々のパンさえままならなくなった民衆が一斉に蜂起したのである。

革命の結果、ルイ16世が処刑されたのもコンコルド広場だった。

ギロチンが設置されたのは広場の北西の隅《すみ》のほうである。現在はブレスト像が置かれているあたりで、高級ホテルで知られるクリヨンの前だ。

国王の最期を見ようと広場には2万人もの群衆が集まったという。

馬車が到着し、国王が断頭台に向かう。最期の言葉も轟く太鼓の音にむなしく飲み込まれた。断頭台に身体が固定され、一瞬ののちには国王の頭は胴体から切り離されていた。死刑執行人が首を高く掲げると、滴り落ちる血に触ろうと皆が押し寄せたという。

国王の処刑から9カ月後には、輝くばかりに愛らしい花嫁として輿入れし、国民を顧みない贅沢三昧の暮らしぶりから「オーストリアの娼婦」とまで揶揄《やゆ》されるようになった王妃マリー・アントワネットが断頭台の露と消えた。

その後も革命広場に据えられたギロチンは血に飢えた獣のごとく、多くの人間を餌食《えじき》にしていった。革命広場はわずか1年ほどの間に1343人、ひと月におよそ100人もの処刑を行った計算になる。この広場がいかに血塗られた場所だったかわかるというものだろう。

革命のあと、広場は「融和、和合」を意味するコンコルド広場と名称を変えた。それは、血なまぐさい過去を繰り返さないという誓いだったのか、それとも忘れてしまいたかったからなのか。大量の血が染み込んでいるコンコルド広場では、今日も多くの市民や観光客らが笑顔で行き交っている。

人間が「輸出」されていた奴隷海岸

数千万人の奴隷が船に積まれた海岸

アフリカ大陸を地図で見ると、南西部分が大きくえぐりとられたような形をしている。そのえぐりとられた部分であるベニン湾にはいくつかの国が面しているが、そのなかでトーゴ、ベナン、そしてナイジェリア西部にかけての海岸沿いには「奴隷海岸」という忌まわしい名前がある。この呼び方こそ、かつてこの地が黒人奴隷を「積み出していた」地域だったことを示しているのだ。

歴史的には、1441年にポルトガル人のアンタン・ゴンサウヴェスという人物が、西サハラ海岸で捕らえたアフリカ人の男女を母国に連れ帰り、ポルトガル皇太子に献上したことが奴隷貿易のきっかけになったとされている。ただし、このときに献上されたのは厳密には黒人ではなくアラブ人だった。

奴隷海岸。奥には奴隷貿易に使われたケープ・コースト城が見える。
(©BotMultichillT and licensed for reuse under Creative Commons Licence)

その後、16世紀に本格的な大航海時代に入ると、ヨーロッパから新天地を求めて多くの船が未知の海へと旅立ったが、なかでもポルトガル人は西アフリカの諸部族と通商を結び、部族同士の戦いで勝利した部族から敗北した部族の黒人を奴隷として入手するようになり、これが本格的な奴隷貿易として展開していった。

このときに黒人の奴隷を積み出す拠点となったのが、奴隷海岸だ。

奴隷貿易は大国に利益をもたらした

奴隷はのちにアメリカ大陸にも運ばれるようになり、それが19世紀初頭の奴隷貿易廃止まで公然と続けられた。奴隷海岸から船に乗せられた黒人の奴隷の数は2000万人とも5000万人ともいわれる。

最初に奴隷貿易の主導権を握ったポルトガルは、当時需要が高まっていた砂糖を西インド諸島のプランテーション農場で育てていた。その労働力としてアフリカの黒人奴隷を西インド諸島へ運び、その船で本国へ砂糖を持ち帰るというルートで貿易を行っていた。その後、大西洋の覇権がポルトガルからスペインやイギリスへ移ると、これらの国もまたポルトガルと同じようなルートで黒人を入手し、大きな利益を上げるようになる。いずれにしても、大西洋を舞台にした貿易において、アフリカの黒人奴隷は重要な役割を演じていたのである。

病気の奴隷は海に投げ捨てられた

奴隷貿易において、奴隷はひとつの商品であり、「積荷」でしかなかった。

アフリカの奥地で捕らえられ集められた黒人奴隷たちは、奴隷海岸に集められると、背中や腹、肩などに焼印を押された。その上で〝積荷同様〟の扱いを受けて「奴隷貯蔵庫」に押し込まれたのである。

船の中でも彼らは同じような扱いを受けた。奴隷船はせいぜい200〜300トン規模の小型船で、積荷同然だった奴隷たちは身動きもできないような狭い船倉に鎖でつながれた状態で押し込まれた。もちろん食糧や飲み水は満足に与えられておらず、衛生的にも最悪の状態であることは想像に難くない。長い航海の間には、飢餓や脱水症状などで命を落とす者、伝染病で息絶える者、そして自殺する者も珍しくなかった。

1829年にあるイギリス人が奴隷船を見た際の報告が残っている。それによると、その船には男女合わせて550人の奴隷が積まれていたが、彼らは上甲板と中甲板の間にある格子付きの昇降口の下にぎっしり押し込められていたという。その船では、550人の奴隷のうち50数人が伝染病などの理由で生きたまま海に放り出された。

また、生きて辿りつけたとしても、奴隷たちは過酷な労働と生活を強いられ、命を落とす者も少なくはなかった。

奴隷貿易の拠点だったベナンの海岸には、現在「戻られざる扉」というモニュメントが建てられている。これは、ここから船に乗せられた奴隷たちが二度と故郷には戻れなかったということを伝えるものだ。

現職の首相が消えた魔のビーチ

波間に消えたオーストラリア首相

１９６７年12月17日のことである。オーストラリアのハロルド・ホルト首相（当時）は、オーストラリア南東部にあるチェビオット・ビーチにいた。

チェビオット・ビーチ付近は、ふだんは穏やかだが、突然潮の流れが変わり遊泳者を飲み込むことで知られる危険な場所だった。しかし、水泳に関しては自信のあった首相は、息抜きのためにそこで泳ぐのが習慣だった。

その日も、大勢の友人らが見ている前で彼は海に入って泳ぎ始めた。

友人らは、沖へ沖へと泳いでいく首相の姿を不安げな表情で見た。友人のひとりは、あとになって警察の事情聴取に対し、「何か悪い胸騒ぎがした」「首相の周辺の海が急に潮流が変化したかのように泡だっていた」などと証言している。

チェビオット・ビーチ（©Rob Deutscher）

いずれにしても、次の瞬間、首相の姿が忽然《こつぜん》と見えなくなった。それが、ハロルド・ホルト首相の最後の姿だった。

その後6日間、付近一帯の海域で大規模な捜索活動が行われた。しかし遺体はもちろん、遺留品などもいっさい発見されなかった。こうしてオーストラリアの現職の首相は、海中に消えたのである。しかも、その後50年以上経つというのに、いまだに遺体は発見されていないのだ。

首相は自殺したのか

ホルト首相の失踪は謎に満ちていた。溺死したという説が有力だったが、その一方で自殺説もあった。

庶民派でプレイボーイだったホルトは、就任当初は国民の人気を集めた。

しかし時代はベトナム戦争の真っ只中で、ホルトがベトナムへ派遣する軍隊の数を増強すると、これが若い世代を中心に世間の強い反発を招いて、逆風となった。

また、軍用機を私的に利用したことで議会で厳しい追及を受けるなど、首相としての資質に対しての批判が出始めていた。折りしもホルト率いる自由党は地方の予備選で負け続けており、首相としての基盤がぐらついているのは誰の目から見ても明らかだった。

精神的に追い込まれた首相がみずから死を選んだのではないか、というわけだ。

首相はじつは中国のスパイだった？

ところが、さらに興味深い説が世間に広まった。それは「ホルト首相はじつは中国のスパイであり、潜水艦に乗り込んで中国に渡って、そこで安泰に暮らしている」というものだ。

そのきっかけとなったのは、失踪から15年後に発表された『首相は中国のスパイだった』という本で、執筆したのはアンソニー・グレイという著名なジャーナリストである。

　ホルト首相は大学時代から中国との関係を強化すべきであるという主張を展開しており、その論文制作のために中華民国の総領事などと親交があった。そんななかで、政治の道に入るよりもはるか以前から中華民国の諜報活動に協力するようになり、それは首相となったあとも継続していた。そして問題の1967年、ホルト首相は、国内のスパイに関する機密書類の中に自分自身のコードネームを発見。自分のスパイ行為が把握されていると知った彼は、中国へ脱出することを決意したというわけだ。

　これがアンソニー・グレイの著書のおおまかな主張である。もちろん相手にしない国民も多いが、一方で、その話に信憑性を認める人も数多い。

　じつは、ホルト首相の母親は舞台役者であり、ホルト自身も芝居への造詣の深さで知られていた。このことも、スパイという「役柄」を生涯にわたって演じ続けてきたということで、スパイ説の根拠になったのかもしれない。

　しかし、真相については決定的な証拠は出ていない。最近では、結局は事故死だったということで世間の見方は落ち着いている。そして2005年になり、遺体は不明のままで「死亡」と断定されることになったのだ。

軍部が一般人に発砲した天安門広場

動乱？　それとも虐殺？

北京を訪れた人が必ずといっていいほど足を運ぶ場所といえば、天安門広場ではないだろうか。今からおよそ30年前、この北京のシンボルともいえる天安門広場が、惨劇の舞台となった。学生や知識人を中心として組織されたデモ隊と、戒厳部隊が衝突した「天安門事件」である。このときの映像は世界中に衝撃を与えた。

じつは事件の半月ほど前にゴルバチョフが訪中したため、各国メディアが北京に集まっていた。この時点ですでにデモは活発化しており、事態がどう推移するのかを見届けようと、彼らはそのまま北京にとどまっていたのだ。

天安門事件について、中国政府は動乱を鎮圧したのだと主張した。しかし、国際社会の見解は異なっている。装甲車を押し進め、無防備な人々に発砲するさまは、どう

人民解放軍の戦車の前に立ちはだかる無名の反逆者（写真提供：ロイター＝共同）

見ても虐殺としかいえないものだったからである。

丸腰の人々に向けられた銃口

天安門事件の前年から、学生たちは民主化運動を繰り広げていた。だが、その動きが高まりをみせたのは、胡耀邦《こようほう》の死がきっかけだった。

胡耀邦は学生運動に寛容だったことなどがあだになり、政界から失脚していた。

腐敗政治を行う役人や急激なインフレに対する不満も重なり、学生が天安門に集まって胡耀邦の追悼と腐敗政治の改革を叫んだのである。

政府がこの動きを動乱と決めつけたことが学生をさらに刺激し、100万人規模のデモや天安門広場でのハンストが行われた。政府も強硬な態度を崩さず、北京には戒厳令が出された。

1989年6月3日、政府は戒厳部隊に市内を鎮圧するように命じるが、あちこちにバリケードを築いた民衆と小競り合いが続いた。

午後11時頃には1台の装甲車がバリケードを突破して天安門広場に侵入するものの、駆け寄った人々に炎上させられてしまう。

そして、6月4日未明、ついに血の弾圧が開始されるのだ。

戒厳部隊も最初は威嚇射撃を行っていたが、さすがのデモ隊も発砲にはひるんだ。装甲車を伴った兵士はしだいにデモ隊に接近する。人々が手にしていたのはせいぜい石つぶてだ。そして、丸腰の人間に対して、ついに射撃が開始されたのである。

みんな慌てて逃げ惑うが、ごった返しているなかでは思うように動けない。そこを容赦なく弾丸の嵐が襲う。

上半身を血まみれにして倒れる者、装甲車の下敷きになったのかぺしゃんこにつぶれた者……。あたりは阿鼻叫喚の渦に巻き込まれた。

弾圧は数時間のできごとだったが、その後も事件の関係者や民主化運動の活動家が逮捕された。その数は1万人にも達し、多数の者が処刑されたといわれている。

いまだ隠ぺいされたままの真実

天安門事件の犠牲者の数は、いまだにはっきりしていない。中国政府の発表によれば、死者は３１９人で、そのうちの13人が軍や警察関係者だという。しかし、デモに参加していた者たちは、２０００人とも３０００人とも証言している。

中国政府はあくまでも動乱の鎮圧であって虐殺ではないと語り、詳細な情報を公表しないのだ。

しかも、現場にいた海外メディアの記者たちから、取材テープやカメラを没収しようとしていたのである。当時、取材に当たっていたテレビ朝日のニュースステーションの記者とカメラマンは、下着の中にテープを隠して、押収を逃れたのだという。

こうして事実を隠ぺいしようとした中国当局の目論《もくろ》みは失敗し、天安門事件の惨劇が世界中で放送されることになったのである。

4時間で500人が消えたソンミ村

明け方に響いた爆発音

1968年3月16日、「北」との境界線に近い南ベトナム・クァンガイ省にあるソンミ村。その日はベトナムの村ならどこでも見ることができる、穏やかな春の朝だった。農作業を始めるために早起きした村人たちの多くは談笑しながら食卓を囲んでいた。また、すでに畑に出ている農夫もいれば市場へ出かけようとする者もいた。

昨日までと何も変わらない、いつもの1日が始まるはずだった。

午前5時30分。その平穏な朝が、地獄へと豹変するのに時間はかからなかった。耳を引き裂くような爆発音とともに、村をめがけて周囲の山や森の中から砲弾が打ち込まれ始めたのである。

砲撃のあまりの激しさに地面は揺れ動き、村人があげる恐怖の叫び声とともに家畜

炎にまかれた家屋のそばで倒れるソンミ村の住民（左下）

の鶏やアヒルたちのけたたましい鳴き声が山間の小さな村に響き渡った。

30分あまり続いた砲撃で粗末な住宅は原形をとどめないほどにぼろぼろになり、驚いて家から飛び出した農民たちは必死で避難壕へと逃げ込んだ。

そこへ今度は2機のヘリコプターが爆音を轟かせながら飛来し、ロケット弾と銃弾の雨を低空から容赦なく浴びせた。のどかな集落の至るところには瞬時に死体が転がり、その死体の間をかろうじて生きながらえた人々が狂ったように逃げ惑う。

しかし、それはまだ、殺戮《さつりく》のほんの始まりにすぎなかった。

機関銃のえじきにされた住民たち

やがて近くの荒地に約20機ものヘリコプターが着陸すると、中から次々とアメリカ兵が降りてきた。兵士たちは手近な集落に入ると、片っ端から民家と避難壕を調べ始めたのである。最初に米兵がやってきた避難壕には、15人の村民が息を殺しながら隠れていた。米兵が現れたのを見て驚いた8人が外に飛び出した。次の瞬間にはその全員が機関銃の餌食《えじき》となり、バタバタと死体が折り重なった。さらに米兵は壕の中に次々と爆弾を投げ込んで、中にいた村民を1人残らず爆殺したのである。

その後も同様の惨殺が続いた。あたりかまわず逃げ惑う男たちや老人は、問答無用で射殺されるか爆弾で吹き飛ばされた。恐怖と絶望、そして苦痛と断末魔の声さえも、おびただしい銃声や爆発音に無情にもかき消されたのである。

隠されていた事実

虐殺を行ったのは南ベトナムに展開していたアメリカ陸軍の部隊で、わずか4時間でソンミ村の住民５０４人が犠牲になった。

ベトナム戦争は、南北ベトナムの統一をめぐって勃発した争いに、アメリカとソ連、そして中国が介入・支援を行い、いわゆる代理戦争を繰り広げたものである。

何が目的なのか、どうなれば戦争が終結するのか、その行方と出口がわからず泥沼化し、アメリカだけでなく世界中を不安のどん底に突き落とした戦争だった。

そんななかで明るみに出たソンミ村の大虐殺は、当初は「南ベトナム解放民族戦線ゲリラ部隊」を標的にしたものとして政府に報告され、公表された。

しかし翌年、虐殺に参加した米兵からの告発により、この蛮行が、まさに理由なき大虐殺であったことが公にされたのである。同時に、その事実を知りながらも反戦の気運が高まることを恐れた政府上層部により隠蔽工作が行われたこともわかり、アメリカ政府及びベトナム戦争への国民感情が大きく揺らぐきっかけとなったのである。

このことが結果的にジョンソン大統領の退陣につながり、反戦運動は世界的に拡大することになる。ソンミ村の悲劇は、ベトナム戦争の中で起きた最悪の愚行であると同時に、戦争という極限状態の中で人間が正常な判断力を失い、極悪非道な行いに走ることを示す事実として今も語り継がれているのである。

ケネディ大統領が暗殺されたダラス

狙撃によって飛び散った頭部

史上最年少の43歳という若さでアメリカ合衆国第35代大統領に就任したジョン・F・ケネディ。彼が凶弾によって命を落としたのは、1963年11月22日、テキサス州ダラスで行われていたパレードの真っ最中だった。

狙撃された直後に、オープンカーの後部へ這《は》い出して、飛び散った夫の頭部を必死にかき集めるジャクリーン夫人の映像は衝撃的である。

ケネディに命中した弾丸は2発で、そのうち2発目は頭部に命中している。そして1発目は「魔法の銃弾」と呼ばれ、ケネディと同乗者のテキサス州知事コナリーという2人の人間に対して7ヵ所もの穴を開けたと報告されているのだ。

狙撃の瞬間をとらえた「ザプルーダーフィルム」の1コマ

1発で7つの穴をあけた銃弾

「証拠物件399」とされるこの銃弾はのちに「魔法の銃弾」と呼ばれ、通常の狙撃ではおよそ考えられない動きをしている。

逮捕されたオズワルドが、狙撃現場とされる教科書倉庫ビルの6階から発射した弾丸は、まずケネディ大統領の右肩のやや下あたりに命中している。そして、それから体内を斜めに貫通してネクタイの結び目付近から一度体外に出るのだ。

その後、銃弾は何度もその軌道を変えて、最終的にはケネディの前方に座っていたコナリー州知事の左大腿部《だいたいぶ》に食い込んだ状態で発見されているのである。

この状況から考えて、「複数の狙撃犯が異なる角度から同時に狙撃した」という説が出てきてもおかしくない。

ところが、事件解明のために組織されたウォーレン委員会が1年の捜査ののちに発表した800ページ以上の報告書は、「オズワルドの単独犯行説」に終始するものだったのである。とはいえ、そのオズワルド自身も逮捕からわずか2日後に暗殺されてしまったことから、真相はいまだに解明されないままとなっているのだ。その暗殺というのも、あろうことかダラス警察の地下で射殺されるという不可解なものだった。

さらにその犯人として逮捕されたジャック・ルビーという人物も、裁判中に精神の安定を欠き、一連の事件からわずか3年後に病死したと発表されている。

この口封じともとれる死の連鎖が、絶対に公《おおやけ》にすることが許されない黒幕の存在を示唆しているのだ。

真犯人は2039年に明らかになる？

アメリカ政府は、ケネディ暗殺の最終報告書を2039年に提出すると公約してい

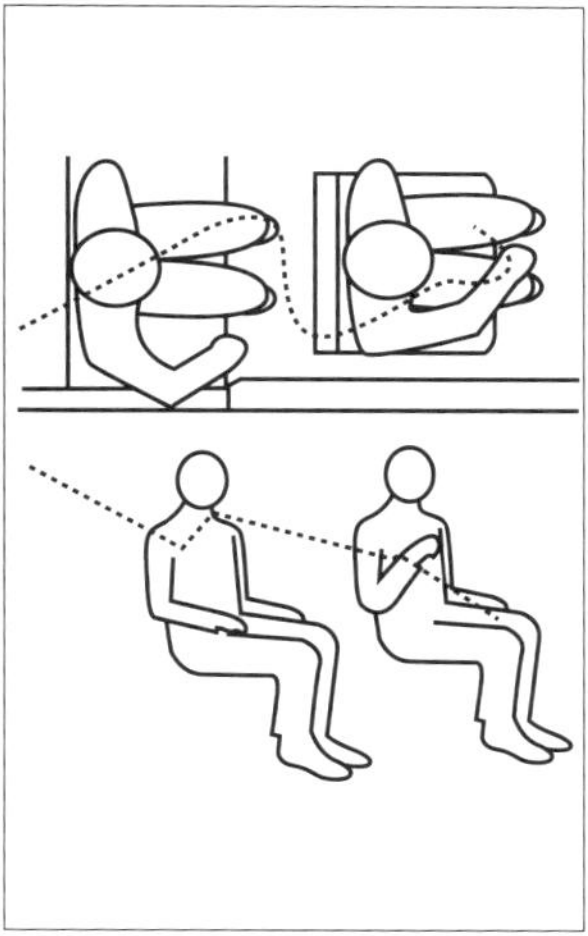

「魔法の銃弾」（上）
銃弾はケネディののどを貫通した後、コナリー知事の右胸部と右手首を貫通し、左大腿部で止まったとされる。絶対に不可能だ、いや人体の角度次第では可能だなどと、事件から50年以上たつ現在も結論は出ていない。

る。ウォーレン委員会の報告書には記載されなかった事実が明らかになるのではないかと、アメリカ国民だけではなく全世界が大いに注目している。ちなみに、当時のアメリカでは要人の暗殺事件が多発している。

１９６５年には黒人解放指導者のマルコムＸが、１９６８年にはやはり人種差別と戦ったキング牧師が、ともに近距離からの銃撃によって死亡している。

ベトナム戦争や人種問題など社会不安に揺れたアメリカの、まさに黒歴史である。

日本の総理が暗殺された中国の駅

暗殺された日本の初代総理大臣

日本は１９１０年から35年間、韓国を併合して統治していたが、当時、韓国内には日本統治に反対する過激な組織があった。その名を「韓民会」という。韓民会のメンバーは、日本のある要人を殺害したとされている。それは、日本の初代内閣総理大臣である伊藤博文だ。

伊藤は韓国併合にあたって初代韓国統監に任命されており、伊藤に恨みを持つ韓国国民は少なくなかった。その伊藤が凶弾に倒れたのは、１９０９年10月のことだった。

満州鉄道と韓国併合問題についてロシアの蔵相と非公式に話し合うため、伊藤は中国黒竜江省のハルビン駅に降り立った。にぎやかに出迎えたロシアの外交団とあいさつを交わし終え、在留邦人の一団の方に向かおうとしたそのときだった。伊藤に向け

暗殺される直前に撮影された伊藤博文
（「５」の数字の下で帽子を取っている人物）

て突然銃弾３発が放たれたのだ。狙撃したのは、安重根《あんじゅうこん》という朝鮮人の男だった。この男が所属していた組織こそ、韓民会である。

犯人を裏で操っていたのはロシア？

日露戦争終結直後の１９０５年11月、日本と大韓民国の間には保護条約が結ばれ、伊藤博文が韓国統監に就任した。

当時、韓国には一進会という親日の政治結社があり、その数は公称80万～１００万人だったといわれている。伊藤が赴任してきた日には、その一進会によってソウルの南大門に「歓迎」の大幕が掲げられたという。

だが、その一方で日本の保護国になることを拒否する反日勢力も存在した。そのひとつが韓民会なのだが、じつはこの組織はロシア特務機関のスパイ養成組織であったのではないかと噂されているのだ。

事件現場はロシアの管轄下にあった

その根拠のひとつとなったのが、安重根が撃った拳銃だ。

暗殺事件の際、安が所持していたのはブローニング拳銃で、これはロシアのクンフト社がベルギーから購入して、ロシア陸軍に納入されていたことがわかっている。

事件現場となったハルビン駅は、当時ロシアの管轄下にあり、プラットホームには多くのロシア兵がいた。にもかかわらず、安はロシア兵のすぐそばまで近づき、その陰に隠れて発砲している。さらに、その行動がかなりの訓練を積んだものであったともいわれているのだ。

事件直後、ロシア側は安重根を含め25人の韓民会メンバーを拘束し、日本に引き渡している。

韓民会は、韓国が日本の保護国になることを阻止するのが目的で韓国統監の暗殺を企てたはずである。だが、実際には伊藤は韓国併合には反対していた。一時的に保護国とするのも韓国に国力がつくまでと考えていたのだ。つまり、反日勢力が暗殺事件を起こしたことによって、日韓併合は早まったのである。

しかも、死亡した伊藤の体から取り出された弾は、安が所持していたブローニング拳銃のものではなくフランス騎兵隊のカービン銃の弾だった。

また、検死の結果、致命傷となった銃弾は右肩を砕いて右の胸部に留まっていた。この銃弾は、伊藤より高い場所からでなくては撃ち込めない角度である。しかし安はプラットホームにしゃがんで狙撃しており、この位置に銃弾を撃ち込むのは不可能である。

となると、安は実行犯とされながらも、実際には死に至らしめることはできなかったということになる。そのため、実行犯は裏で糸を引いていたロシアではないのかとの憶測を呼んでいるのだ。

真相はいまだ明らかにはなっていないが、いずれにしても、テロリストの安重根は今でも韓国で独立運動家として英雄視されている。

古代ローマ人の怨念が渦巻く闘技場

殺し合いのために作られた建物

ローマの象徴ともいえるコロッセウムは、周囲527メートル、高さ48・5メートルで、5万人もの観客を収容する能力があったとされる。現在ではローマの街中に位置し、周囲はバスや電車が走るにぎやかな場所になっている。

一見、劇場を思わせる造りなので、野外オペラ会場だと思っている観光客も少なくないが、それは大変な誤解である。

コロッセウムとは、円形闘技場である。

そこには、恐ろしいものから目を背けようとしながらも、心の奥底には残酷なものへの好奇心を抱いている、醜い人間の姿が見え隠れしているのだ。

『指し降ろされた親指』（ジャン・レオン・ジェローム画）。観衆は親指を下に向け、「敗者を殺せ！」と言っている。

殺さなければ殺される剣闘士たち

ある日、コロッセウムは満員の観客で沸き立っていた。すり鉢状の闘技場の底に、ふたりの剣闘士が登場した。

観客は拳を振り上げ、足を鳴らし、大声で歓声を上げる。人々の目は異様にぎらつき、血走り、まるで獲物を目の前にした肉食動物のように飢えている。

そして、ツバを飛ばしながら大声で喚いているのはけっして声援の言葉ではない。飛び交っているのは、「殺せ！ぶちのめせ！」といった恐ろしい怒声に次ぐ怒声だ。

今から始まろうとしているのはまさ

に真剣勝負、真剣な殺し合いなのだ。

——やがて剣闘士は剣を抜く。もちろん、相手を殺すことができる本物だ。

本当は戦う気などないのかもしれないが、しかし剣闘士として出てきた以上、逃げることはできない。戸惑っていると、相手が剣を振り回してくる。目の前をぎらつく刃が通り過ぎるのを見て、このままでは本当にやられてしまう、そう思った剣闘士は自分も剣を振り上げるが、戦い方など知っているはずがない。足が震えて仕方がないが、しかしそんなことに構ってはいられない。

逆上した観衆の声が剣闘士の血を沸騰させる。もうダメだ、やるしかないのだ。やらなければ、自分が殺される。剣闘士は覚悟を決めた。

しかし次の瞬間、相手の剣が恐ろしい勢いで剣闘士の体を切り裂いた。まさか。そう考える間もなく、剣闘士はそのまま、どうと地面に倒れた。群集の興奮がピークに達する。体から血を流しながらもかろうじて立っている勝者を讃え、人々は狂ったように歓声を上げ、恍惚とした表情を浮かべる。それはまさに地獄絵図だ。

コロッセウムでは、連日このような格闘が行われていた。格闘という言葉を使えば多少は聞こえはいいが、実際には真剣を使った殺し合いだったのである。

それにしても、なぜこのようなことが行われていたのだろうか。じつは、そこには時の政治家の深い思惑がひそんでいる。

人々の不満のはけ口としての殺し合い

コロッセウムは、西暦75年に建設が始まり、西暦80年に完成した。

当時のローマは経済的に行き詰まっていた。財政を立て直すことが最大の課題だった。そのために行ったのが、人々にさまざまな形での重税を課すことだ。

重税に苦しめられ、政治に対する民衆の不満は日に日に高まっていた。そこでコロッセウムでの残酷な格闘ショーを開催し、人々を熱狂させることでその不満のエネルギーを爆発させ、社会的不満が蓄積されていくのをかわしたのである。市民の不満を回避するための残酷な見世物のおかげで、当時の財政は確実に再建されていったという。

そして現在、そのコロッセウムを訪れる観光客が落とす金は、ローマ市にとって大きな収入源となっている。時代を超えて、この円形闘技場が財政を支える大きな柱となっているのは、ひとつの歴史の皮肉である。

莫大な量の人骨が眠る秦の始皇帝陵

中国史上初の皇帝

中国では、紀元前４００年頃からいくつもの国が覇権を競う戦国時代が続いていた。そのなかで次第に力をつけていったのが秦という国だった。やがて秦は群雄割拠の時代に終止符を打ち、紀元前２２１年、初めて中国に巨大国家を樹立する。このとき、中国史上初の皇帝となったのが秦の始皇帝だ。その始皇帝が眠っているのが、西安近郊の丘にある始皇帝陵である。

陵墓は、本体及び副葬地区を合わせると56・25平方キロメートルにも及び、これは53・25平方キロメートルの東京都足立区よりも大きい。

始皇帝は13歳で秦王となったが、そのときすでに自分の墓の建設を始めている。この巨大な墓の建設のために駆り出されたのは全国から集められた70万人もの人民だっ

始皇帝陵の周辺に埋められた兵馬俑

た。しかも、彼が50歳で病死したときには、まだ完成しておらず、建設はそのまま息子の胡亥《こがい》によって引き継がれている。
　最終的には完成までに40年の月日を費やしたこの陵墓は、高さ120メートル（当時）、周囲は2キロメートルにも及んだ。

墓の下に広がる世界

　記録によれば、陵墓の地下には、床に銅版が敷かれ、その上に棺が置かれているらしい。また、川や海が作られ、カラクリによって水銀が流れるように細工されているという豪華さだ。

　当然のことながら無数の財宝が運び込まれ、

盗掘者から守るために、カラクリのひとつである弓矢が仕掛けられていた。これだけでも、始皇帝の威光を十分に伝えるものだ。しかしこの墓にはもうひとつの陰惨な秘密がある。それは、始皇帝とともに葬られた数多くの殉死者《じゅんし》だ。

皇帝とともに葬られた数千人の人々

始皇帝には20数人の子供がいたとされる。ところが、そのほとんどは末っ子の胡亥が次の皇帝になることを快く思っていなかった。

そこで、胡亥は法律を改正し、それにもとづいて不満を抱く者たちに罪を着せたのである。記録によると、12人の男子が殺され、10人の公女がはりつけになったという。ただし、別の記録では、処刑された男子は6人で、残りはみずから剣を抜いて自害したとされる。

さらに、始皇帝に仕えた大臣たちも同時に殉死している。胡亥は自分の兄姉たちとかつての大臣たちを、殉葬という形で葬ったのだ。

後宮にいた女たちの中で子供を持たなかった者もすべて陵墓に埋められた。

また、この墓を設計した土木技術者たちも、その秘密を知っているという理由から口封じのために一緒に埋葬されている。その数は3000人にも及ぶといわれる。

この陵墓には、始皇帝とともに数多くの殉死者たちの骨が今も埋められている。

死んでもなお兵に守られる始皇帝

この始皇帝陵から東に1・5キロメートルほど移動した場所で発掘されたのが、「兵《へい》馬《ば》俑《よう》」である。

始皇帝陵を取り巻くような形で配置され、その規模は約2万平方メートルにも及ぶ。内部には、精巧に作られた等身大の兵士の人形が約8000体、また100台ほどの戦車と600体ほどの馬が整然と並べられている。兵士は1体ずつ顔形や着ているものが異なっており、それを作った工匠の名前が彫られているものもある。

これこそまさに、中国に初の統一国家をもたらした始皇帝の軍団を模したものだと考えられている。兵士たちは始皇帝が死んでもなお、地下に眠る始皇帝を、人形となって守り続けているのである。

残酷な生贄《いけにえ》の儀式があった泉

高度な文明から生まれた生贄の儀式

北米大陸と南米大陸をつなぐメキシコ高原とユカタン半島にある国がメキシコだ。その南東部にある都市カンクンから車で西にひた走ると、やがて巨大な箱を横たえたような石の宮殿が現れる。マヤ文明が遺した広大な古代都市チチェン・イツァだ。

世界文化遺産にも登録されており、バスツアーで訪れる観光客も多い。

確かに見どころは数多い。たとえば、エル・カスティージョと呼ばれるピラミッドは、それ自体が巨大なカレンダーの機能を果たしている。また、カラコルと呼ばれる建物には高さ13メートルの塔があるが、これは天体観測所として使われていたものだ。

これらの遺跡を見ると、チチェン・イツァは豊かな文明と文化を持った近代的な社会を築いていたかのような印象がある。

多くの生贄の命を飲み込んだセノーテ。水の少ないユカタン半島にとって、水はときとして命以上に大切なものだった。

だが、それだけではない。この文明が持つもうひとつの側面を今に伝える遺跡が残っているのだ。それが、「セノーテ」と呼ばれる泉である。

チチェン・イッツァとは、「チチェン」はマヤ語で「泉のほとり」、「イッツァ」は「水の魔術師」を意味する。じつはこの地には巨大な泉があり、その泉の水の恩恵を受けることで住人たちは生きながらえ、生活を営んでいた。セノーテ・サグラド（聖なる泉）と呼ばれるその泉は、直径60メートル、深さ80メートルもあり、今も残っている。

熱帯に属し、降雨量も多い地でありながら、このあたりは土壌が石灰質のために、降った雨はすべて地下水になってしまう。つまり、慢性的な水不足に悩まされていたのである。そのためにセノーテは、まさに命の綱だった。

セノーテの水が枯渇することを人々は恐れた。そこで人々が何を行ったのかというと、なんと生贄を捧げたのである。

戦いで勝ったほうが生贄になる

セノーテの底からは多くの人骨が発見されており、それは雨を乞うために神に捧げられた生贄のものだと考えられている。

生贄がどのようにして選ばれ、捧げられたのかを伝えているのが、遺跡である競技場に残されているレリーフだ。

競技場で行われていたのは、1個のボールをふたつのチームの選手たちが蹴り合うサッカーのようなゲームだ。ただしそれはスポーツではなく、神聖なる儀式であり、勝ったほうのチームリーダーが豊穣を祈る生贄となる運命だったからだ。

やがてゲームの勝敗がつくと、〝勝者〟は染料によって全身を藍色に塗られる。巨大な石の上に寝かされた生贄に執行官が近づいていき、石のナイフを、まだ生きている生贄の体に打ち込む。そして、そこから心臓を引きずり出すのだ。

執行官は血液のしたたる心臓を捧げ持つと、神の像に近づき、その血液を塗りつける。神官たちは、周囲で神に捧げる踊りを舞う。

やがて神官たちは生贄の肉体を運ぶと、おごそかに神へ捧げた。それこそ、生きたまま心臓をえぐり取られて死んだ生贄の、最高の栄誉の瞬間だった。

こうして人々の残酷な儀式と生贄によって、マヤに生きる人々の暮らしは守られ続けたとされているのだ。

9人のネパール王族が殺された宮殿

9人の王族が銃殺される

インドの北東にあるネパールは、エベレストをはじめとする8000メートル峰の山々を8座も抱える山岳地帯の国だ。登山をする人なら憧れの聖地だろう。

そのネパールで、2001年に非常にショッキングな事件が起きた。その内容は、王太子が宮廷内で王家9人を銃殺し、みずからも自殺するという信じられないものだ。しかし、王家がひた隠しにしていたため、これだけの大きなニュースにもかかわらず世間一般にはあまり知られていないのである。

事件の主役となったのは、1768年から2008年にかけてネパール王朝の王家として君臨したシャー家だ。

シャー一族は、16世紀に当時の大帝から「シャー（王）」の称号を与えられた

事件の舞台となったナラヤンヒティ王宮
（©Pavel Novak and licensed for reuse under Creative Commons Licence）

後、独立した小国を征服していき、ついに１７６８年にネパール王国を創り、みずからが王家となった。

19世紀なかばには宰相家に実権を握られ、名ばかりの王家だった時代もあったが、その後再び実権を取り戻し、１９９０年には絶対君主制に終止符を打ち、立憲君主制に移行した。

このときの王ビレンドラ・ビール・ビクラム・シャー・デーヴは国民の熱い支持を得た。余談だが、ビレンドラ王は王太子時代に東京大学に留学していた経験を持ち、親日家としても知られている。

彼は民主化を進め議院内閣制を実現したものの、有力なリーダーもいない政党政治は混乱し、ついには共産党からマオイスト（毛沢東主義者）が離脱し、武力闘争が行われるようになった。

そんな政治的な混乱の末に、冒頭の事件を起こしたといわれているのが、その長男ディペンドラ王太子だ。公式発表によると、事件の動機は、家族に結婚を反対されたことだとされている。王太子が結婚相手に選んだのはデブヤニ・ラナさんである。よりにもよって、シャー家と対立するラナ宰相家にゆかりのある女性だったのだ。

ある日、シャー家定例の晩餐会で、その事実を初めて聞かされた王と王妃は大反対した。「結婚するなら王位継承権を剥奪する」とまでいわれたことに腹を立てた王太子が突然機関銃を持ち出して乱射し、国王夫妻をはじめ、王の兄弟他９人を殺傷してしまったのである。直後に自殺を図った王太子も、病院に運ばれ、３日後にこの世を去っている。ところが、この事件には疑惑がもたれている。

王弟のあまりに不可解な行動

疑惑の矛先は主にビレンドラ王の弟ギャネンドラに向けられている。

まず、王族がほぼ全員集合している晩餐会に、ギャネンドラだけが地方視察のために欠席していたことや、出席していたギャネンドラの家族がみな無傷や軽傷で生き残っていることがその根拠である。

さらに事件の不可解な点として挙げられるのは、王族の埋葬が性急かつ国民にも非公開で執り行われたこと。そして自殺した王太子の銃弾が後頭部から入っていることなどである。

ビレンドラ王亡き後、王位を継いだのはギャネンドラだったが、独裁的な政治行動が国内外の反発を招き、やがて大規模な民主化運動によって王の政治的特権はすべて剥奪された。

そして2007年には240年にわたる王制が廃止され、その翌年には連邦共和制を宣言し、ネパール王朝は幕を閉じた。あの射殺事件が、公式発表通りディペンドラ王太子の犯行であったなら、シャー王家とラナ宰相家という対立の中で起きたロミオとジュリエットの悲劇といえるかもしれない。

現在のネパールは「ネパール連邦民主共和国」と改名し、シャー一族は首都カトマンズから退いている。

仲間の脳を食べた北京原人の洞窟

遺跡から見つかった穴の開いた頭蓋骨

中国・北京市の南西およそ54キロに周口店《しゅうこうてん》という場所がある。「周口店古代人類文化遺跡」として世界文化遺産にも登録されており、北京市内からバスで約2時間という近さもあって、毎年多くの観光客が訪れるスポットとして有名だ。

その周口店の北西部に、竜骨山というまんじゅう型の山がある。南側の斜面から周口店ののどかな風景が一望できるこの山から、1929年、北京原人の頭蓋骨が発見された。その後の調査により、周口店一帯は約25万～50万年前に、北京原人の生活の場であったことが明らかになる。

現在、周口店の博物館前の広場には北京原人の模型が飾られている。眉の下の骨（眉梁）が出っ張り、頬骨が高くて顎が目立たず、ヒトというよりもサルのイメージに近

この場所から北京原人の頭骨が発見された

い。おそらく、わずかな言葉のようなものを口にすることで互いにコミュニケーションをとっていたと考えられる。

洞窟の中には火を使った形跡も発見されており、火を燃やすことで暖をとったり、狩猟で得た動物の肉をあぶって食べるなどの行動をしていたと推測できる。

しかし、それだけではない。彼らは現代人には想像もできない、ある習慣を持っていたのだ。

死んだ仲間は貴重な「食糧」？

そのことを教えてくれたのは、じつは発掘された頭蓋骨に開けられた穴である。

発見された頭蓋骨の多くには、ある特徴がある。頭蓋底の部分が壊され、穴が開いているのだ。多くの研究者は、おそらくそれは脳味噌を取り出すためのものであると考えている。だとすれば、北京原人は何のために脳味噌を取り出したのだろうか。

ひとつの仮説として考えられているのは、こんな光景である。

仲間の誰かが死ぬか、あるいは他の集団と争って相手を殺すと、北京原人たちはその死体が新しいうちに頭部に群がった。

狩猟によって鹿などを捕まえて食糧にしていた北京原人にとって、当然のことながら食糧は貴重品である。狩りが成功すればいいが、失敗すれば食べ物にはありつけない。そんな彼らにしてみれば、仲間の死は、狩猟せずに食糧が手に入ることを意味していた。

すでに石器を作って使いこなしていた彼らは、石器を使って頭を切り開き、頭蓋骨の底の部分に穴を開けた。頭に穴が開くと、彼らはなんとそこから脳味噌を取り出し、それを自分の口のなかに入れたのだ。

それが彼らにとって重要な食習慣であり、仲間の脳味噌が美味なもの、栄養価の高いものだということを知っていたと考えられている。

生きるために殺し合う

北京原人の発掘調査に参加したドイツの解剖学者ヴァイデンライヒは、北京原人たちが集団で殺されて洞窟内に引っ張り込まれ、そこで解体されて火であぶられ、食糧にされたのではないかと述べている。

つまり、最初から食糧にすることを目的として、ほかの集団と殺し合いをしていた可能性もあるというわけだ。

それがどこまで真実なのか、現段階ではまだわかっていない。しかし、北京原人は生活のなかで、誰かが最初に仲間の死体を食べることを思いつき、実行し、そしてとくに脳味噌を食べることが有益であることに気づいた。これはおそらく事実である。

周口店は現在では風光明媚な観光地として知られ、北京原人関連の遺物が展示された博物館なども見学することができる。

しかし数十万年前には、北京原人たちが互いの脳味噌を食べるために、集団でほかの仲間に襲いかかっていたかもしれないのだ。

5章 タブーを持つ集団

黒人差別団体ＫＫＫ（クー・クラックス・クラン）

首吊りにされた黒人たち

「南部の木は奇妙な果実をつける。ポプラの木に吊るされている奇妙な果実……」

これは、かつてアメリカのジャズ歌手であるビリー・ホリデイが歌ったことでも知られる『奇妙な果実』という歌の一節だ。

奇妙な果実とは、殺されて木に吊るされた黒人の死体のことである。

というのも、１９２０年代のアメリカ南部では、黒人に凄惨なリンチを加えて首を縛ったあげくに、木に吊るして焼き殺すという蛮行がたびたび起こっていたのだ。

そのほかにも、焼き印を押したり、手足を切断したり、体を縛って線路に放置して電車に轢《ひ》かせるといった黒人への暴力事件は日常的に起こっていた。

そして、そうした暴力事件の中心になっていたのが白人至上主義結社として知られ

KKK の葬儀の様子

るクー・クラックス・クラン、通称「ＫＫＫ」である。ＫＫＫは南北戦争で敗れ、黒人奴隷の解放に不満を持っていた南軍の６人の若者たちによって、１８６５年頃にテネシー州で発足した組織だ。

クー・クラックスとは、ギリシア語でサークルを意味するククロスをもじったもので、そこにスコットランド語で一族を意味するクランをつけたといわれる。

彼らは不気味な白いマスクで顔をすっぽりと覆い、白装束で全身を包みながら黒人排斥を唱えた。

入団儀式は真夜中に行われ、打ち立てた十字架に火をつけて燃やす。そして儀式の後は白装束のままで街を練り歩くのである。

非合法のテロリスト

当初は若者の悪ふざけにすぎなかったのだが、この神秘的に見える儀式に惹かれたり、奴隷解放を快く思っていなかった人々を中心にＫＫＫのメンバーは急増していく。間もなく元南軍のネイサン・フォレスト将軍が迎えられると、彼は「生意気な黒人を躾《しつ》け直す」と掲げてパレードを行ったりした。フォレストの参加で保守的な南部の白人の支持が集まると、ＫＫＫはしだいに人種差別過激派として政治的勢力を拡大する。黒人だけでなく、黒人を擁護する白人にまで暴力や殺人がエスカレートしていったのだ。やがてあまりの蛮行ぶりに、１８７０年代には政府から非合法のテロリスト集団と認定され、一度は消滅した。

しかし20世紀になってからＫＫＫは再び姿を現し、１９２０年代には４００万人以上にも達した。第二次ＫＫＫはさらに過激さを増し、ターゲットは黒人のみならず有色人種全体、ユダヤ人、イスラム教徒、カトリック教徒などにも拡大した。

奇妙な果実といわれる死体がたびたび吊るされたのも、この頃だった。

攻撃対象への殺人や放火は日常茶飯事で、南部のいたるところで多くの黒人が想像を絶するようなリンチを加えられている。勢いに乗ったＫＫＫは南部のみならず、中西部にまで勢力を伸ばしていく。その影響力は政界でも大きく、インディアナ州ではＫＫＫのメンバーが州知事になるほどだった。

しかし、調子に乗った一部のＫＫＫメンバーが自分たちの意図にそぐわない白人にもリンチを加えるようになり、世間の反感を買うようになると勢いは衰えていく。

今も続くＫＫＫの活動

現在は、かつてのような全国規模の組織としては存在せず、いくつもの分派となって南部や中西部を拠点に活動を続けている。その数は１００以上もあるといわれ、一部はネオナチとの関係も噂されている。それぞれのＫＫＫはつながりがないとされるが、それは表面上で、地下では大きな組織としてつながっているという疑いもある。

オバマ大統領がアフリカ系として初めてアメリカ合衆国大統領となったときも、ＫＫＫが暗殺するのではという懸念が広がった。

ＫＫＫの活動は、今も社会の暗部に潜って続いているのだ。

世界の情報を握るNSA（アメリカ国家安全保障局）

60年間以上、存在を伏せられていた組織

元CIA職員だったエドワード・スノーデンの告発により、世界中から注目を集めることになったのが、アメリカの国家安全保障局（NSA）だ。国防総省に所属する諜報機関である。アメリカの諜報機関といえばまずCIA（中央情報局）を思い浮かべるだろうが、じつはNSAのほうがはるかに大きい。その規模は各国の諜報機関の中でも最大級だ。そして、同じ諜報機関といっても、CIAとNSAは役割がまったく違う。CIAは人を使って諜報活動や秘密工作などを行う実動部隊で、NSAの任務は電子機器を利用して情報収集や分析、暗号解読などを行うことである。

1952年に創設されて以来、NSAの存在は何十年も伏せられてきた。そのため、NSAの名は「No Such Agency（そんな機関はない）」の略だというジョークがあ

NSAの中心部にあたるといわれているナショナルセキュリティオペレーションセンターの様子。壁面のモニターで世界の出来事を見ることができる。

るほどだ。今でも正確な人員や予算、拠点などは明らかにされていない。

そんな秘密のベールに包まれたNSAの内部情報をスノーデンはスッパ抜いたのだ。スノーデンは告発の理由をこう語っている。

「アメリカ政府が行っているプライバシー侵害は重大な問題だ。だから、機密文書の存在を明らかにした」

NSAはハイテク技術を駆使して、さまざまな個人情報を極秘に盗み取っていたのだ。

ネット上のあらゆる情報を集める

NSAの目的は、冷戦中は旧ソ連に関わる情報を集めることが主な任務だった。

しかし、アメリカ同時多発テロ以降、情報収集を行う目的はテロの防止に大きく転換した。しかし、そのやり方は完全にプライバシーを無視した監視活動といったほうが近い。

スノーデンの騒動で「ＰＲＩＳＭ（プリズム）」と呼ばれる極秘情報収集プログラムの存在が明らかになったが、これはＥメールや動画、閲覧したサイトから音声まで、ネット上のあらゆる個人情報を集めるシステムだ。

プリズムは大型のネット中継基地のメイン回路に侵入し、一度に数十万台のパソコンの通信記録を入手できる。

そうした情報をデータベース化している可能性もあるらしい。

ＮＳＡは基本的に電話の盗聴はしておらず、ネットの情報収集もアメリカ国外に住む人を対象にしていると釈明したものの、多くのアメリカ国民はこれを信じていない。

また、エシュロンというシステムを使って世界規模での通信傍受も行っている。

エシュロンは世界中の電話やメール、ネット、衛星通信など、あらゆる電子情報の傍受が可能だという高性能のシステムである。ただし、情報量が多すぎて分析が追いつかないのも事実だ。とくに外国語は翻訳する必要があり、人材が足りないのである。

アメリカ同時多発テロでは「明日、決行する」という情報を入手していたにもかかわらず、解析できたのはテロの翌日だった。

日本の手の内は全部つつ抜け？

もちろん日本もNSAのターゲットになっている。

日本が注目され始めたのは1990年代で、この頃から大量の外交情報が傍受されていた。たとえば1995年に行われた日米自動車交渉では、橋本龍太郎通産相が東京とやり取りする電話がすべて盗聴され、アメリカ側の代表に報告されていたという。

つまり、交渉前から手の内をすっかり読まれていたわけだ。

しかも、青森の三沢基地にはエシュロンの施設もあるといわれている。身近な場所で通信傍受が行われている疑いが強いのだ。

NSAは、自分たちの仕事のおかげでテロが未然に防げたこともあったと、情報収集の重要性を強調する。

ただ、善良な一般市民の私生活までのぞき見されている可能性は高いのである。

人口の削減をめざすローマクラブ

人口の削減を狙っている？

1973年秋、人々は殺気立った顔でスーパーマーケットに行列をつくっていた。一様に目指すのはトイレットペーパーである。そうして、山のように積み上げられたトイレットペーパーは開店するやいなや一瞬で完売してしまった。

日本中をパニックに陥れた、世にいうオイルショックである。

この年、第四次中東戦争の余波からアラブの産油国は原油価格を7割も引き上げることを決め、世界的に石油の価格は大暴騰した。

それが発端となって「紙がなくなる」という噂が飛び交い、原油価格とは直接関係のないトイレットペーパーの買い占めという事態を招いてしまったのだ。

ところが偶然か否か、こうした石油不足を、さらには数十年後に石油が枯れ果てて

ドイツで行われた平和賞授賞式の一場面。中央がローマクラブ創設者のペッチェイ（1973年）。（©German Federal Archives and licensed for reuse under Creative Commons Licence）

しまうと予言した集団がいる。科学者、経済学者などがメンバーにその名を連ねたローマクラブと呼ばれる研究機関である。

このローマクラブが、発表されている通りに環境問題を研究する識者の集団であれば何の問題もない。

ところが彼らは、人類が生き残る術としてひそかに人口削減計画の陰謀を企てているというのだ。

人類の成長の限界を予想した報告書

イタリアのコンピューター関連会社で副社長をしていたアウレリオ・ペッチェイが、その財力をもって設立したのがローマクラブである。1968年にローマで活動を開始した彼らは、4年後に『成長の限界』と題した報告書を発表する。

そこに書かれた内容はじつにセンセーショナルなもので、このまま人口増加や環境破壊が続いた場合に人類と地球が直面する可能性をさまざまなシミュレーションによって検証した。そして結論として、100年以内に人類の成長は限界に達すると警鐘を鳴らしたのである。

冒頭のオイルショックが発生したのはこの報告があった翌年のことだったため、彼らの提言が一躍注目された。

しかも、創設者のペッチェイには、イギリスの哲学者であるバートランド・ラッセルの意思を受け継いでいるという話がある。このラッセルは、ペストのような細菌は人口増加に歯止めをかけられると説き、20世紀最悪の人物とまでいわれた過激な人物なのだ。

ペストといえば、14世紀にヨーロッパを中心に猛威を振るい、当時のヨーロッパの人口をおよそ3分の1にまで激減させたといわれるウイルス性の感染症だ。

ペッチェイや、彼の肝いりで創設されたローマクラブは、感染症のパンデミック（世界的な大流行）による人口の間引きも辞さないというのだろうか。

組織の影響力は拡大している

現在、パンデミックの可能性が懸念されている感染症のひとつがエボラ出血熱である。エボラ出血熱は１９７０年代後半からアフリカ大陸で何度となく大流行し、高熱に続く出血で多くの犠牲者を出している恐ろしい感染症だ。ただし、アフリカ以外の地域での発生はほとんどゼロに等しい。

もしもこの流行の背後に何らかの計画が存在していたら……。あるいは飢餓、対立する民族間の泥沼の内戦などが、アフリカの人口にダメージを与えるための作為的なものだったとしたら……。考えるだけで背筋の寒くなる話である。

ローマクラブはこれまでに人類の将来に関する30以上のレポートを発表し、現在ではユネスコや世界各国のＮＧＯと協力するまでに至っている。

組織の力がここまで大きくなった今は、そうした活動のすべてが表向きにされているものだけであることを祈るばかりである。

完全非公開のビルダーバーグ会議

世界の大きな流れを決める会議

「ビルダーバーグ会議？　そんなの聞いたことないよ」という人は多いだろう。日本のメディアが報じることはないからだ。しかしこの会議は、世界の大きな流れを決めているのではないかと噂されている、とてつもない影響力を持つものなのだ。

ビルダーバーグ会議は１９５４年から続く歴史ある会議で、秘密結社イルミナティの傘下にあるといわれている。第１回の会議がオランダにあるビルダーバーグ・ホテルで開催されたことから、その名がつけられており、毎年１回、欧米の政財界の大物や王室関係者、貴族などが集まって行われる。

２０１９年も5月30日から6月2日まで、スイスのモントルーにあるフェアモント・ル・モントルー・パレス・ホテルで開催された。

左：会議場設営の様子。2013年のカンファレンスはイギリスで行われた。
（©Tjebbe van Tijen）
上：オランダ女王の配偶者ベルンハルト

会議は完全非公開で行われ、出席者や議題は公表されるものの具体的に話し合われた内容までは明らかにされない。

会場は主に5つ星のホテルで、開催中は全館貸し切りとなる。専用のスタッフが入り込み、食事はそれぞれの自室でとらされ、全館の盗聴チェックまで行われるなど厳重態勢を敷いている。

この会議にはデビッド・ロックフェラーやビル・ゲイツなど、経済界の錚々《そうそう》たる人物が参加している。

また、ビル・クリントン、マーガレット・サッチャー、アンゲラ・メルケルといった政界の大物は、会議に出席した数年後には大統領や首相に就任している。

参加者のほとんどを欧米人が占める

長年この会議の研究をしてきたジャーナリストのダニエル・エスチューリンは、会議の参加者についてこのように記している。

「世界でもっとも力のある人々で、彼らはビジネス、金融、世界政治、戦争と平和、世界の資源と資金に絶大な影響力を持っている」

会議参加者の経歴は、3分の2が多国籍企業や金融機関、教育、メディアなどのトップクラスで、残りは閣僚経験者や政治家などが占めているという。欧米諸国以外で参加したのはイランやイラク、ニュージーランド、中国など、数えるほどしかない。日本で出席したことがあるのは、2009年、当時IEA（国際エネルギー機関）の所長だった田中伸男だけである。

この会議には、欧米至上主義や人種差別の思想が今も根強くはびこっているのだ。

そもそもビルダーバーグ会議が設立されたのは、当時アメリカや西欧諸国と冷戦関係にあったソ連と東側諸国を封じ込め、崩壊させるためだった。この当時のメンバーは、創立者のベルンハルトを筆頭に〝黒い貴族〟と呼ぶにふさわしい面々がそろっていた。ベルンハルトはオランダのユリアナ女王の配偶者で、オランダ王室に入る前にはナチス親衛隊に属していた。アメリカの軍産複合体とも親しく、ロッキード事件にも関与している。また彼は、世界自然保護基金（ＷＷＦ）の設立にも携わっていた。ＷＷＦは人口増加の抑制を宣伝してきた団体で、理事の中には犬や猫のための人肉缶詰をつくることや、人間の死体を絶滅危惧種のエサにすることを提案した人物もいた。

リークした者は殺される？

その年によって議題に上がってくる内容はそれぞれ異なるが、ビルダーバーグ会議の最終的な目標は「欧米による世界統一権力の樹立」とされている。

１９９７年の会議では、カナダからケベック州を分離した残りの地域をアメリカに統合させる計画が持ち上がった。

この計画は、情報を入手したエスチューリンがカナダのマスコミにリークしたことで頓挫したが、のちにエスチューリンが何者かに殺されかける事件が起きた。何事もなく平和に生きていきたいなら、この会議には触れてはいけないのかもしれない。

ナチス親衛隊を逃亡させたオデッサ

元ＳＳを逃亡させる組織

第二次世界大戦はヨーロッパ中を巻き込んだ大きな戦争だったが、これを引き起こしたのはナチスである。彼らは破壊や略奪、そして弾圧や虐殺を繰り返した。

こうしたナチスの中でも大きな権力を持っていたのがナチス親衛隊（ＳＳ）だ。親衛隊はユダヤ人を集めた強制収容所の管理にも深く関わっていたため、戦後は多くの隊員が捕らえられている。

しかし、数々の残虐行為に加わり、戦犯として名指しされていたにもかかわらず、追及の手を逃れた隊員も少なくない。彼らは忽然《こつぜん》と姿を消してしまったのだ。もちろん、連合軍は大々的な捜索を行っていた。そんななかで、どうやって彼らは包囲網を突破することができたのだろうか。

ナチス親衛隊（©Deutsches Bundesarchiv and licensed for reuse under Creative Commons Licence）

じつは、蜘蛛《くも》、友愛団、オデッサなど、ナチスのメンバーの逃亡を援助する地下組織がいくつも存在していたのだ。オデッサとは「元SS隊員の組織」というドイツ語の略で、親衛隊員によって組織されていた。そして、このオデッサこそ最大規模の逃走機関だったといわれているのである。

南米へとつながる逃亡ルート

第二次世界大戦も末期になると、親衛隊の幹部たちはドイツ軍の敗北は確実だとみていた。連合軍に捕まれば重い刑罰が待っていることは明らかだ。そこで、我が身の安全を確保しようと逃亡計画を開始したのである。

オデッサは多数の仲間を国外へ脱出させた。イタリアやオーストリアを通って南米に向かう秘密ルートは「ラットライン」と呼ばれていて、南米に逃れた者は約９０００人にのぼると伝えられている。その中には、幾多のユダヤ人を強制収容所や絶滅収容所へと送り込んだアイヒマンや、アウシュヴィッツの収容所で人体実験を行っていた医師メンゲレのような大物戦犯も含まれていた。

バチカンも関与していた?

オデッサのリーダーは、親衛隊の幹部だったオットー・スコルツェニーではないかと見られている。彼自身もスペインに脱出しており、そこを拠点にしてのちのちまで仲間の逃亡生活を支援していた。

さらに、意外なところにもナチス残党の支援者がいた。関与が疑われているのはバチカンである。アロイス・フーダルという司教が東欧から逃れてきた難民にナチスを紛れ込ませ、南米に渡るビザを渡していたという説が有力だ。

このようにさまざまな援助があって、戦犯たちは逃げ延びたのである。

その後、オデッサはＳＳ同志会という組織に姿を変えたという。しかも、世界中にネットワークを持つこの組織には、武器や麻薬の密輸などに関わっているという黒い噂も絶えないのである。

今も続くナチスへの追及

ところで、近年はオデッサという組織は存在しなかったという説もある。巨大なひとつの組織があったわけではなく、複数の小さな組織が協力していたというのだ。

ただ、フレデリック・フォーサイスの小説のタイトルにもなっている「オデッサ・ファイル」は実在した。これは逃亡したメンバーの一覧が記されていたリストだ。逃亡ルートだったというラットラインの存在も確実視されている。どんな組織が関わっていたにせよ、罰を受けずに生き延びた戦犯がいたことは事実だ。

ちなみに、２０１２年にはハンガリーに潜んでいたチャタリー・ラズロが逮捕された。生きているナチス戦犯の中で最後の大物の1人といわれたラズロは97歳になっていた。戦後70年以上がたった今でも、ナチスの残党狩りは続いているのである。

ドイツの戦車を作ったポルシェ家

天才技術者を救ったヒトラー

ポルシェ家は、高級車を次々と世に送り出すフォルクス・ワーゲングループを率いる自動車王だ。繁栄の基礎を築いたのはフェルディナント・ポルシェ博士である。

オーストリア・ハンガリー帝国で職人の息子として生まれたフェルディナントは、「天才的なひらめきを持つ技術者」だったと評される。

その才能を見抜いた者が次々と彼を引き抜き、とんとん拍子に出世していく。彼の功績はウィーン工科大学とシュトゥットガルト工科大学からも認められ、名誉博士号が与えられた。

ところが、根っからの技術屋であるフェルディナントは研究や開発には努力を惜しまなかったものの、経済面には頓着がなかったらしい。予算をオーバーしても気に留めず、経営陣とは対立することもあったという。

また職人気質で頑固な一面もあり、納得できないことには首を縦に振らない。招かれて入社したダイムラー社を退職したのも、開発における意見の食い違いが原因だったという。

やがて息子のフェリーとともに独立してポルシェ設計事務所を設立する。

しかし、その船出はけっして楽ではなかった。世界恐慌のあおりを受けて世間は不況のまっただ中にあり、自動車の注文が激減していたのである。いくらフェルディナントに才能があっても、自動車が製作できなければお金にはならない。会社の経営は追いつめられていた。

このような苦境を救ったのがヒトラーである。ポルシェ家はヒトラーの下でさまざまな開発を行い、戦車をはじめとする多数の軍用車を提供していたのだ。

ヒトラーの命令で戦車を作る

国威発揚のために、ヒトラーは国民向けの小型車を開発する構想を持っていた。もともとヒトラーはダイムラー社に依頼するつもりだったらしいが、そこに食い込んできたフェルディナントは、見事にヒトラーの心をつかんでしまうのである。

じつは数年前、２人は一度出会っている。すでに名声の高かったフェルディナントの技術を目の当たりにして、ヒトラーはすっかり彼の虜《とりこ》になっていたのだ。

このとき開発されたのが、ビートルの愛称で親しまれているフォルクス・ワーゲンである。大量生産を可能にするために大規模な工場が建設され、大々的な宣伝も行われる。１９３８年10月には予約が13万人に達し､その後も予約数は増え続けていった。

しかし、１９４５年までに製造されたフォルクス・ワーゲンはわずか数百台にすぎない。第二次世界大戦の勃発により、国民車構想などどこかへ飛んでいってしまったからだ。

とはいえ、戦争が始まってからもポルシェ親子はフル回転で働き続けた。ヒトラーからの要請で、フォルクス・ワーゲンの技術をもとに、戦車、トラック、水陸両用車などあらゆる軍用車を設計していたのだ。なかでもタイガー戦車やフェルディナント戦車は名戦車として知られている。

フォルクス・ワーゲンに乗るヒトラーとそれを見守るフェルディナント

大グループを支配し続ける一族

戦後にはナチスに荷担した罪を問われ、フェルディナントは収監もされた。だが、当時はナチスに抵抗できるような状況にはなく、ポルシェは進んで協力していたわけではなさそうだ。フェルディナントはただ研究・開発に携わることができれば満足で、政治的な意図はまったく持ち合わせていなかったと見る向きが多い。

ポルシェ家は1972年以降、ポルシェ社の役員には籍を置かないことになったが、それでも一族のトップはフォルクス・ワーゲングループの大株主として頂点に君臨している。

武器を売っていたティファニー家

雑貨屋から宝石店へ素早く転身

ティファニーは世界中の女性が憧れるジュエリー・ブランドだ。クリスマスシーズンともなれば、店内はプレゼントを選ぶカップルでひしめき合う。このティファニー&カンパニーの創業者はチャールズ・ティファニーだ。

その息子のルイス・コンフォート・ティファニーはアール・ヌーヴォーの芸術家として名高い。ルイスの名を広く知らしめたのは、長年にわたって研究を続けたガラス工芸だった。とりわけステンドグラスとランプは高い評価を得た。

しかしルイスの成功は、父であるチャールズの存在を抜きにしてはありえなかっただろう。自分の顧客を紹介したり資金援助をしたりと、陰に陽に息子を支えてきたのだ。

自分の店を訪れるチャールズ（中央左）（1887年）

チャールズはブロードウェイ259番地で友人と始めた小さな雑貨店を、世界的ジュエリー・ブランドへと一代で飛躍させた人物だ。

その商才はすでに少年の頃から発揮されていた。コネチカット州で大きな綿工場を営む家に生まれた彼は、父から任された商店をわずか15歳にもかかわらず、ひとりで切り盛りしていたという。これはチャールズが卓越した商才を持っていたことを示すエピソードのひとつだ。

だが、それだけでチャンスをつかんできたわけではない。時流を素早く読み、巧みに立ち回る計算高さもあわせ持っていたのである。

王家秘蔵の宝石を手に入れる

１８４８年にフランスで2月革命が起きた際には、騒乱に乗じて多量の宝飾品を手に入れた。国外へ逃亡しようとする貴族が資金調達のために手持ちの宝石を次々と売り払ったせいで、ダイヤモンドの価格が下落したのだ。

この機会を逃すチャールズではない。商品を買い付けるためにヨーロッパにいた友人にすぐさま購入を指示した。このときマリー・アントワネットやルイ15世など、王家が愛蔵していた品々も手に入れたと伝えられている。

そして、王家の秘宝を入手したという噂はティファニーの評判をいっそう高め、ニューヨークの富豪が顧客リストに名を連ねるようになった。

高品質の製品を提供するチャールズは「ダイヤモンド王」とも呼ばれた。

武器を売って大もうけする

また南北戦争の時代にはティファニーの店頭から、看板商品である宝飾品が姿を消したこともある。戦争が始まってからは治安が悪くなり、高級品を扱う店はほとんどが休業していたが、それでもティファニーは店を開いていた。

じつは南北戦争中もティファニーは莫大な利益を上げ続けていた。宝飾品の代わりに店に並んでいたのは、銃、刀剣、軍靴、軍服のボタンや記章などだ。

チャールズは戦争初期から北軍への協力を申し出ており、ヨーロッパから最新式の武器を輸入し、工場では刀剣を製造していた。きらびやかだった宝飾店は北軍の手足となって動いていたのである。

チャールズのそろえる武器はほかの業者よりも高かったが、性能のよさから注文が殺到した。南北戦争への貢献が認められ、政府からの信頼も高まったという。

武器で稼いだ資金はティファニーをさらに大きく飛躍させ、銀製品やダイヤモンド部門でも成功を収めていくのだった。

ところが、息子ルイスの晩年は荒《すさ》んだものだったと伝えられる。散財を繰り返すうえに、自身が立ち上げたスタジオは赤字続きで、父が残してくれた莫大な遺産もほとんどは浪費してしまったという。

チャールズの優れた商才は息子には受け継がれなかったようである。

ダイヤを支配するオッペンハイマー家

ダイヤモンドの影にこの一族あり

デビアス社は1888年に設立されたダイヤモンド採鉱会社だ。そして現在でも世界の市場の半数近くを扱う、最大級のダイヤモンド企業である。このデビアス社の頂点に君臨していたのがオッペンハイマー家だ。その座は初代のアーネストから息子のハリーへと受け継がれ、3代目のニッキーも会長を務めていた。

ちまたでは「婚約指輪は給料の3カ月分」などといわれるが、かつて婚約指輪といえば女性の誕生石か真珠が主流だった。

しかし、今ではダイヤモンドのほうが人気が高くなっている。小さなひと粒でも、ダイヤモンドのきらめきは女性の心をとらえて放さないのだ。

このように婚約指輪＝ダイヤモンドのイメージを生み出したのも、じつはデビアス

「ダイヤモンドは永遠の輝き」のロゴの隣で笑うニッキー・オッペンハイマー
（写真提供：AFP＝時事）

社の戦略である。

ハリーの時代に発表された「ダイヤモンドは永遠の輝き」というキャッチコピーがきっかけだった。

広告を使って大々的に売る

もともとダイヤモンド業界では、宣伝は商品の価値を下げるとして受け入れられてこなかった。

だが、ダイヤモンドの婚約指輪を普及させようと、アーネストが初めて広告を開始したのだ。

ダイヤモンドは何億年もの年月をかけて生成された鉱物であるため、末長い愛の象徴にしようと目論《もくろ》んだのである。このキャッチコピーは人々を魅了し、またたくまにダイヤモンドの婚約指輪が広まっていった。

ダイヤモンド業界を長い間、独占状態で牛耳ってきたのはデビアス社だ。オッペンハイマー家が莫大な財産を築いたのも不思議ではない。

ただし、デビアス社を創業したのは別の人物である。対立関係にあったアーネストが、ライバル社を飲み込んでいったのだ。

ライバルを蹴落とす

ドイツ系ユダヤ人の商人の息子として生まれたアーネストは内気な少年だったというが、商才には長けていたようだ。

17歳でダイヤモンド商社に入社するとめきめきと頭角を現し、わずか数年で南アフリカでのダイヤモンドの買い付けを一手に任されるほどになった。

しかしこの頃、すでに南アフリカのダイヤモンド鉱山は、デビアス社が独占していた。どの商社もデビアス社を通さずには、ダイヤモンドを購入できなかったのである。

ここに食い込むためには頭を使う必要があった。そこでアーネストは周辺諸国に狙いを定めて、独自のダイヤモンド・シンジケートをつくった。両者は低価格競争で激しく火花を散らすことになり、ダイヤモンド市場が崩壊寸前という状態にまで陥る。

だが、アーネストのほうが一枚上手だった。南アフリカ政府にしっかりと根回しをして、自分に有利な法律を成立させて売買の絶対的な優先権を得た。

しかし、これで満足するアーネストではない。デビアス社の株を買い占めると、有無をいわさず会長の座を手にしたのである。

それ以降、デビアス社のトップはオッペンハイマー一族が引き継ぐことになった。

ダイヤモンドは高価なものというのが常識だが、じつは価格を決めていたのはデビアス社だったといえる。シンジケートを独占していたデビアス社は厳密に生産量を管理して、価格が暴落するのを防いできたのだ。

近年ではデビアス社の独占とはいえないものの、相変わらずダイヤモンド業界への影響力は大きい。

しかし、オッペンハイマー家は現在会長職から退いており、英のプラチナ鉱山大手のアングロ・アメリカンのマーク・キューティファニが会長を務めている。

血のにおいがする名門ハプスブルク家

名家につきまとう血のにおい

ハプスブルク家といえば、ヨーロッパを中心に一大帝国を築き上げた名家中の名家だが、そのルーツは意外にも、スイスの片田舎でつつましく暮らしていた小貴族だった。

今でもスイス北部のアールガウ州には「鷹の城」を意味するハプスブルクという地名とともに、小さな城塞が残っている。

一族が脚光を浴びるのは13世紀のことだ。当時の神聖ローマ帝国の皇帝に、ハプスブルク家の当主が指名されたのである。

やがて大帝国を統治するようになった一族は、その華やかな歴史の中で、多くの犠牲者をともなう争いを何度も起こすことになる。

30 年戦争を題材に描かれた「戦争の惨禍」

数々の戦争に加担する

１６１８年、中世ヨーロッパの悲惨な戦争のひとつ「30年戦争」が始まった。

神聖ローマ帝国は、「帝国」とはいえ実際は３００もの小国が集まった共同体のようなものだった。民族も異なれば、生活習慣や主義主張も異なる人々を束ねるのはそう簡単なことではない。

そんな中でくすぶり続けていたカトリックとプロテスタントの対立が、ある事件をきっかけについに表面化した。

帝国の中でもプロテスタント系住民の多いボヘミアで、地元の住民たちが国の役人である代官と口論となり、あげくの果てに代官を城の窓から数十メートル下に放り投げてしまったのだ。

この事件をきっかけに、ボヘミアの人々は帝国に対し反乱を起こした。

このとき、幼い頃から厳格なカトリック教徒だった皇帝フェルディナント2世は、傭兵まで雇って徹底的に新教徒の弾圧に乗り出した。兵力で劣るボヘミア軍はひとたまりもない。内乱はあっけなく決着がつくはずだった。

ところが、騒ぎを聞きつけたデンマークやスウェーデン、フランスなどの大国が、この機会にハプスブルク家の勢いを削《そ》いでおこうと次々にプロテスタント側の支援を始めた。このため戦いは一気に拡大して、30年にわたる悲劇をもたらしてしまったのだ。主な戦場となったドイツは１０００万人以上の被害者を出した。この戦争でドイツの歴史は２００年後退したといわれるほどだ。

第一次世界大戦勃発のきっかけ

また、地球規模の大戦争となった第一次世界大戦の原因にも、ハプスブルク家の名前を見ることができる。第一次世界大戦勃発のきっかけになった、１９１４年のサラエボ事件で暗殺されたフランツ・フェルディナント大公は、ハプスブルク家の血を引く人間なのだ。当時ハプスブルク家はオーストリア皇帝の座に納まっていたが、後継者フェルディナント大公は周囲の反感を買っていた。しかも、オーストリア帝国はボスニア・ヘルツェゴビナを併合したため、そこに暮らすセルビア人の間で反ハプスブルクの感情は高まる一方だった。

そんな中、視察に訪れたサラエボで、フェルディナント大公はセルビア人青年によって夫人もろとも暗殺されたのだ。オープンカーに乗った大公夫妻は、至近距離からの銃撃で大量に出血してほぼ即死状態だったという。時の皇帝フランツ・ヨーゼフ１世はセルビアに宣戦布告し、やがて世界中を巻き込むことになる第一次世界大戦が勃発した。この戦争では、全世界で２０００万人もの人が命を落としたといわれている。大戦の最中にフランツ・ヨーゼフ１世はこの世を去り、弟の孫であるカール１世が後を継いだが、オーストリアは大敗を喫し、カール１世は亡命した。

ここに６００年以上続いたハプスブルク家の王朝支配は終焉を迎えたのである。

なお、ハプスブルク家の血筋は現在も途絶えることなく続いていて、カール１世の孫にあたる人物が欧州議会議員として活躍していた。

スパイを養成していた陸軍中野学校

極秘の存在だった学校

陸軍中野学校は1938（昭和13）年に防諜研究所としてつくられた、日本で初めてのスパイ養成学校である。2年後の1940年に名称を陸軍中野学校と改めるが、戦前・戦中は極秘の組織だった。表門の看板には「陸軍省通信研究所」とだけ書かれていて、すぐ隣にある陸軍憲兵学校の教官でさえそこで何が行われているかを知らなかったという。

当時、ここで学んでいる生徒をスパイだと見抜ける者はいなかったし、軍人とさえ思わなかったに違いない。彼らは普通の髪形をして背広を着ていたからである。

陸軍の一員ではあっても、あからさまに軍人だとわかったらスパイとして失格だ。彼らには一般人にまぎれても不自然でないふるまいが求められたのである。

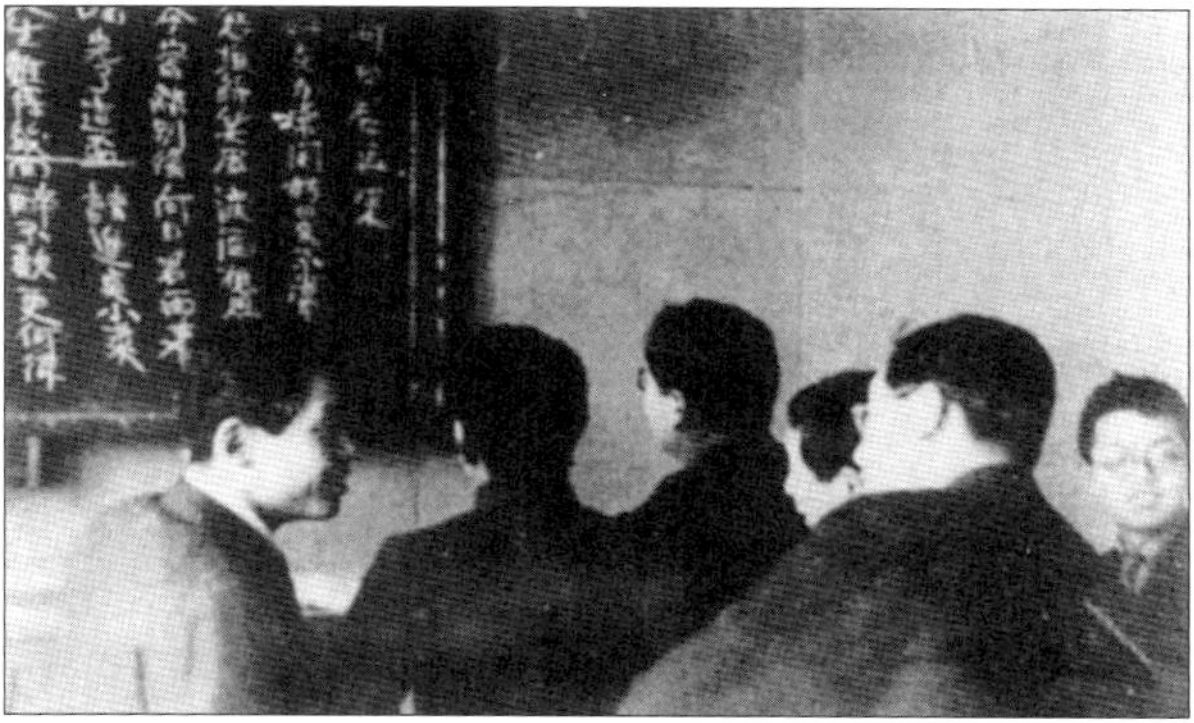

陸軍中野学校の教室の様子

そんな中野学校の内部では、生徒たちが情報収集の方法をはじめ、宣伝・秘密通信法・暗号解読・変装など、あらゆるスパイ技術をたたき込まれていた。

それと同時に、一般教養や専門知識にも力を入れていたのがこの学校の特徴だ。

単純な破壊から高度な政治工作まで、何でもこなせるスパイを目指した教育が秘密裏に行われていたのである。

マッカーサー暗殺計画を立てる

中野学校を卒業したスパイは、東南アジアでの秘密工作で大きな成果を挙げている。

たとえば、インドネシアでは放送という手

段を用いた。オランダ語とインドネシア語を使った放送でオランダ軍を心理的に揺さぶり、インドネシア国民にはオランダに対する反抗心を芽生えさせたのだ。

あるいは、ビルマ（ミャンマー）では、独立運動を背後から煽《あお》るプロパガンダを行っている。そうして現地に混乱を引き起こし、日本軍の進軍を容易にしたのである。

さらに、中野学校では捕虜になることは恥ではないと教えていた。

「捕虜になるくらいなら死を選べ」が常識だったこの時代としては驚くべき教えだが、捕虜になったらニセの情報を流して敵を惑わせろと命じられていたのだ。

しかし、多くのスパイを輩出した中野学校も終戦と同時に閉校になった。

ただ、これはあくまでも表向きの歴史にすぎない。卒業生たちは身を潜め、もし占領軍が横暴な行いをすればすぐに実力行使に出ようと極秘に活動を続けていたのだ。

ほとんどの謀略は未遂に終わっているものの、その中にはなんとマッカーサー暗殺計画も含まれていた。

計画には少なくとも3つのグループが関わっていたとみられ、大量の武器を隠し持っていたグループもあったらしい。

また、卒業生の1人は身分を偽って、日本を占領していたＧＨＱ（連合国軍総司令部）内部に潜入していた。のちに本人は戦犯名簿を手に入れるためだったと言っているが、マッカーサーの動向を探っていた可能性も高いのである。

今なお明かされない秘密

今では中野学校の痕跡は何も残っておらず、わずかに東京警察病院に移転された「陸軍中野学校趾」の碑があるだけだ。

とはいえ、自衛隊の情報組織が発足した当初から現在まで使われている『秘密戦概論』は、中野学校で使われていたテキストを元にしているという。もちろん時代に合わせた修正は施されているが、謀略の基本は受け継がれているのだ。

中野学校で学んだ学生は２１３１名で、このうち戦死者は２８９名、行方不明者は３７６名だ。ただ、諜報活動を行う際は偽名やニセの戸籍を用いることが多く、そのまま別の人間として生きた者もいたのではないかと考えられている。

中野学校のモットーは「黙して語らず」だ。戦後になっても卒業生の口は重く、なかなか真相は語られないのである。

【参考文献】

『あっ！と驚く世界「国境」の謎』島崎晋／PHP研究所、『アフリカの歴史　侵略と抵抗の軌跡』岡倉登志／明石書店、『アメリカ映画の大教科書（下）』井上一馬／新潮社、『アメリカ合衆国史と人種差別』大塚秀之著／大月書店、『アメリカ合衆国の異端児たち』越智道雄／日本経済新聞出版社、『アメリカ黒人の歴史　奴隷から自由へ』ジョン・ホープ・フランクリン／井出義光、木内信敬、猿谷要、中川文雄訳／研究社出版、『アメリカ黒人の歴史』本田創造／岩波新書、『アメリカ史重要人物１０１』猿谷要編／新書館、『アメリカの20世紀（下）』有賀夏紀／中公新書、『アメリカン・ドリームの軌跡―伝説の起業家25人の素顔』H・W・ブランズ、白幡憲之訳、鈴木佳子訳、外山恵理訳、林雅代訳／英治出版、『暗殺者教国―イスラム異端派の歴史』岩村忍／筑摩書房、『暗殺の世界史　シーザー、坂本龍馬からケネディ、朴正熙まで』大澤正道／PHP研究所、『イヴァン雷帝』H・トロワイヤ／工藤庸子／中央公論社、『イヴァン雷帝―ロシアという謎―』川又一英／新潮社、『岩波講座　世界歴史27』岩波書店、『陰謀・秘密結社対談　飛鳥昭雄×ベンジャミン・フルフォード』飛鳥昭雄、ベンジャミン・フルフォード／学研パブリッシング、『インテリジェンス戦争　対テロ時代の最新動向』佐藤優解説、黒井文太郎編／大和書房、『インテリジェンス　闇の戦争―イギリス情報部が見た「世界の謀略」１００年』ゴードン・トーマス著、玉置悟訳／講談社、『エシュロンと情報戦争』鍛冶俊樹／文春新書、『オデッサ・ファイル』フレデリック・フォーサイス著、篠原慎訳／角川書店、『面白いほどよくわかる世界の秘密結社』有澤玲／日本文芸社、『オルセー美術館３都市「パリ」の自画像』高階秀爾監／日本放送出版協会、『キーワード30で読む中国の現代史』田村宏嗣／高文研、『奇妙な果実　ビリー・ホリデイ自伝』ビリー・ホリデイ著、油井正一・大橋巨泉訳／晶文社、『キリング・フィールドへの旅』波田野直樹／連合出版、『恐怖の歴史―牧神からメン・イン・ブラックまで』ポール・ニューマン、田中雅志訳／三交社、『国・企業・メディアが決して語らないサイバー戦争の真実』西本逸郎、三好尊信／中経出版、『クルップの歴史―１５８７～１９６８（上・下）』ウィリアム・マンチェスター、鈴木主税訳／フジ出版社、『朝日百科　世界の歴史６　14～15世紀』野上毅編／朝日新聞社、『きれいなお城の怖い話・ドラキュラから青髭男爵まで』桐生操／大和書房、『黒社会の正体』森田靖郎／イースト・プレス、『現代史の証言』ＴＢＳ・ブリタニカ、『拷問と処刑の西洋史』浜本隆志／新潮社、『拷問と刑罰の歴史』カレン・ファリントン／河出書房新社、『ゴスペルの暗号 秘密組織「地下鉄道」と逃亡奴隷の謎』益子務／祥伝社、『これならわかる世界の歴史Q&A』鈴木亮・中山義昭・三橋広夫・石出みどり／大月書店、『最強の戦闘指揮官30』柘植久慶／PHP研究所、『残酷な王と悲しみの王妃』中野京子／集英社、『始皇帝の地下帝国』鶴間和幸／講談社、『詳説世界史研究』佐藤次高・木村靖二・岸本美緒ほか3名／山川出版社、『詳説 世界史研究』木下康彦、吉田寅、木村靖二編／山川出版社、『知られざるインテリジェンスの世界 世界を動かす智恵の戦い』吉田一彦／PHP研究所、『収奪された大地』エドゥアルド・ガレアーノ／大久保光夫訳／藤原書店、『秦漢帝国へのアプローチ』鶴間和幸／山川出版社、『紳士の国のインテリジェンス』川成洋／集英社、『人種差別』フランソワ・ド・フォンテット／高演義訳／白水社、『人物20世紀』樺山紘一、斎藤精一郎、筑紫哲也、川本三郎、澤地久枝、村上陽一郎／講談社、『図説 イギリスの王室』石井美樹子／河出書房新社、『図説 刑罰具の歴史』重松一義／明石書店、『図説・古代マヤ文明』寺崎秀一郎／河出書房新社、『図解 世界を牛耳る巨大企業』ベンジャミン・フルフォード／扶桑社、『図解「闇の支配者」頂上決戦』ベンジャミン・フルフォード／扶桑社、『スターリン』アルバート・マリン／駐文館編集部訳／駐文館、『スターリンの大テロル』O・フレヴニューク／富田武訳／岩波書店、『スパイの世界史』海野弘／文藝春秋、『世界陰謀史事典』ジョエル・レヴィ著、下隆全訳／柏書房、『世界陰謀大全』ベンジャミン・フルフォード、テレンス・リー、丸山ゴンザレス／日本文芸社、『世界王族肖像選』新人物往来社、『世界驚愕事件史1901～2011』新人物往来社編／新人物往来社、『世界史拷問処刑博物館』桐生操／ダイヤモンド社、『世界最悪の紛争「コンゴ」―平和以外に何でもある国』米川正子／創成社新書、『世界大犯罪劇場』コリン・ウィルソン、松浦俊輔訳／青土社、『世界の遺跡探検術』吉村作治／集英社、『世界のインテリジェンス 21世紀の情報戦争を読む』小谷賢他／PHP研究所、『世界の子ども兵―見えない子どもたち』レイチェル・ブレット、マーガレット・マカリン著、渡井理佳子訳／新評論、『世界の戦争・革命・反乱 総解説』自由国民社、『世界の歴史・地理事典』教育出版センター、『世界不思議百科 総集編』コリン・ウィルソン／関口篤訳／青土社、『世界歴史体系 ロシア史1―9～17世紀―』山川出版社、『戦場の都パリ』柘植久慶／中央公論社、『創像都市ペテルブルグ―歴史・科学・文化』望月哲男編著／北海道大学出版会、『ダイヤモンド―輝きへの欲望と挑戦』マシュー・ハート、鬼澤忍訳／早川書房、『ダイヤモンドはほんとうに美しいのか？』ニキ・ヴァン・デ・ガーグ、森下麻衣子訳／合同出版、『地図で読む世界情勢』ジャン―クリストフ・ヴィクトル、ヴィルジニー・レッソン、フランク・テタール、フレデリック・レルヌー著、鳥取絹子訳／河出書房新社、『中国大虐殺史』石平／ビジネス社、『諜報機関　あなたの知らない凄い世界』ニュースなるほど塾編／河出書房新社、『津山三十人殺し』筑波昭／新潮社、『テロとインテリジェンス―覇権国家アメリカのジレンマ』福田充／慶応義塾大学出版、『伝説の大富豪たち』アラン・モネスティエ、阪田由美子訳、中村健一訳／JICC出版局、『ドイツ歴史の旅』坂井栄八郎／朝日新聞社、『奴隷と奴隷商人』ジャン・メイエール／創元社、『ナチ・ハンターズ』チャールズ・アッシュマン、ロバート・J・ワグマン著、大田民雄訳／時事通信、『日本を愛したティファニー』久我なつみ／河出書房新社、『日本人が知らない！　ユダヤの秘密　ユダヤがわかれば、日本と世界がウラまで見える！』佐藤唯行／PHP研究所、『ぬりつぶされた真実』ジャン・シャルル・ブリザール、ギヨーム・ダスキエ、山本知子訳／幻冬舎、『眠れないほど面白い「秘密結社」の謎』並木伸一郎／三笠書房、『ハプスブルク一千年』中丸明／新潮社、『ハプスブルク夜話―古き良きウィーン』ゲオルク・マルクス、江村洋訳／河出書房新社、『パラグアイのサバイバル・ゲーム』船越博／創土社、『パリ史の裏通り』堀井敏夫／白水社、『パリ歴史事典』アルフレッド・フィエロ／鹿島茂監訳／白水社、『パリ歴史地図』ジャン＝ロベール・ピット編／木村尚三郎監訳／東京書籍、『獣人　ネオコン徹底批判』リンドン・H・ラルーシュ、EIR誌著、太田龍訳／成甲書房、『秘密結社　世界を動かす「闇の権力」』桐生操／中公新書ラクレ、『秘密結社の世界史』海野弘／平凡社新書、『秘密結社を追え！』ジョン・ローレンス　レイノルズ著、住友進訳／主婦の友社、『ビリー・ホリデイと《奇妙な果実》』デーヴィッド・マーゴリック著、小村公次訳／大月書店、『米国エリートの黒い履歴書―秘密結社・海賊・奴隷売買・麻薬』スティーヴン・ソラ、立木勝訳／三交社、『ベトナム戦争・民衆にとっての戦場』吉澤南／吉川弘文館、『ベトナム戦争』松岡完／中公新書、『ポルシェの生涯―その苦悩と栄光』フェリー・ポルシェ、ジョン・ベントリー、大沢茂・斎藤太治男訳／南雲堂、『ポルシェの生涯―その時代とクルマ』三石善吉／グランプリ出版、『ポルトガル史』金七紀男／彩流社、『ポル・ポト　死の監獄S21』デーヴィッド・チャンドラー／山田寛訳／白揚社、『ホロコースト』芝健介／中公新書、『マオ　誰も知らなかった毛沢東（下）』ユン・チアン、ジョン・ハリディ／土屋京子訳／講談社、『マヤ文明はなぜ滅んだか？』中村誠一／ニュートンプレス社、『マリー・アントワネットの生涯』藤本ひとみ／中央公論新社、『ミステリー＆ファンタジーツアーマヤ／アステカ』土方美雄／新紀元社、『物語世界の歴史12 大砲王への道』吉田悟郎他編／岩崎書店、『闇の支配者 ビルダーバーグの謎 上・下』ダニエル・エスチューリン著、山田郁夫訳／ティー・オー・エンタテインメント、『ユダヤ人とダイヤモンド』守誠／幻冬舎新書、『ヨーロッパ名家１０１』樺山紘一編／新書館、『ヨーロッパ歴史と謎の名所物語２』桐生操／ＫＫベストセラーズ、『ヨーロッパの王室』田口省吾／世界の動き社、『ヨーロッパ超富豪 権力者図鑑』中田安彦、副島隆彦編／日本文芸社、『ラテン・アメリカ史』増田義郎編／山川出版社、『陸軍中野学校極秘計画 新資料・新証言で明かされた真実』斎藤充功／学研パブリッシング、『陸軍中野学校 情報戦士たちの肖像』斎藤充功／平凡社新書、『ルワンダからの証言 難民救援医療活動レポート』ＡＭＤＡ／中山書店、『冷戦の闇を生きたナチス―知られざるナチス逃亡の秘録』レーナ・ギーファー、トーマス・ギーファー著、斉藤寿雄訳／現代書館、『歴史を作った世界の有名一族』島崎晋／ＰＨＰ研究所、『ロシア史』和田春樹／山川出版社、朝日新聞ほか

【参考ホームページ】

ABC News、AFPBB News、ANN NEWSインターネット、ＣＮＮ、Dassault Aviation、ＨＩＳ、ITmedia、isMedia、ＭＳＮ産経ニュース、ＮＨＫオンライン、ＮＰＯアジア麻薬・貧困撲滅協会、Southern Poverty Law Center、ＴＢＳ、The Voice of Russia、THE CLUB OF ROME、ＷＳＪ日本版、朝日新聞デジタル、エイビーロード、オールアバウト、外務省、ガジェット通信、現代ビジネス「佐藤優直伝「インテリジェンスの教室」」、産経デジタルｉｚａ、産経ニュース、時事ドットコム、ダイヤモンドオンライン、高橋和夫の国際政治ブログ、中央日報、ドイツニュースダイジェスト、日刊ＳＰＡ！、日経ビジネスオンライン、日本ユニセフ協会、ニューズウィーク日本版、防衛省、フォーリン・アフェアーズ・リポート、ライブドアニュース、ワールド&インテリジェンス、ロイター通信、ほか

【使用画像】

本扉（©Joe Mabel and licensed for reuse under Creative Commons Licence）
章扉（©Bjørn Christian Tørrissen and licensed for reuse under Creative Commons Licence）

※本書は2014年3月に小社より刊行された『教科書には載せられない　歴史のタブー』を文庫化したものです。

教科書には載せられない　歴史のタブー

2019年7月8日　第一刷

編者　歴史ミステリー研究会

制作　新井イッセー事務所

発行人　山田有司

発行所　株式会社彩図社《さいずしゃ》

〒170-0005 東京都豊島区南大塚3-24-4 MTビル

TEL:03-5985-8213
FAX:03-5985-8224

印刷所　新灯印刷株式会社

URL：http://www.saiz.co.jp
https://twitter.com/saiz_sha

ISBN978-4-8013-0378-2 C0120